高濱正伸の
10歳からの子育て

花まる学習会・代表
高濱 正伸

SOGO HOREI PUBLISHING CO., LTD

プロローグ〜「問題のない思春期こそ大問題」

●子どもたちの思春期が変貌している

『10歳からの子育て』というタイトルを見て、「なぜ10歳なのか」と思われた方も多いと思います。その答えは「10歳という年齢が、子どもの成長の重要な節目だから」です。

10歳は子どもから大人への変わり目であり、親から自立するときです。だから私は、子どもの「生きる力」を育むには10歳までの教育が重要であると、ずっと提唱してきました。講演やメディアでも10歳までの子育てについて語る機会が多く、そのため10歳を過ぎた子どもを持つ保護者の方からは、「10歳を過ぎた子どもには成長の可能性はないのか」とよく質問されてきました。

そんなことはまったくありません。むしろ10歳を過ぎた子どもたちが自分の目標を見つけ、大きく学力を伸ばした事例は、今までに何度も見てきています。むしろ10歳からの子育てが、子どもの将来を左右し、親と子の一生の関係を築く基盤になっていくのです。そのことをより具体的にお伝えしたいという、以前からの思いを実現したのが本書なのです。

「花まる学習会」が指導しているのは四歳児から中学生までです。このうち保護者の方がよくご相談に来られるのは、子どもの思春期です。小学校高学年から中学にかけての、子どもから大人へと大きく変化を遂げる時期は、わが子の目覚ましい成長に喜びが多い反面、悩み尽きない時期でもあるのです。特に思春期の入口である十歳のころは、今までの子育てが急に通用しなくなったことに大いに戸惑うようです。

思春期の子どもたちがさまざまな壁にぶつかり、悩むということは、大人になるために欠かせないプロセスです。昔から変わらない、いわば「通過儀礼」のようなものです。私に寄せられる思春期にまつわる相談の数が、二十年間、減りも増えもしていないという事実が、そのことをよく表しています。

ただし、今の思春期世代が抱える問題の中身はというと、「親世代の思春期」の頃とかなり大きく変わってきています。

今の親世代にとっての思春期の問題と言えば、いわゆる「非行」が中心でした。

その頃に比べ、今の子どもたちは、一言で言って「いい子」です。従順で、おとなしい。もちろん子どもというのは、どの時代も元気でキラキラ輝くばかりの存在ですが、かつて多くいた不良たちのような、抑えようのない反発心、悶々《もんもん》とした葛藤をストレートに大人社会にぶつけてくる、爆発的なパワーを持った子どもたちはすっかり減りました。

不良が減ったことは、表面的にはいいことなのかもしれません。ただ、それで「問題がなくなった」と考えるのは楽観的過ぎるのではないかと私は思います。代わりに、より深刻かもしれない問題が、あちらこちらで起きているからです。

●葛藤しないまま大人になると

「花まる学習会」を開設した九十年代の初めの中学や高校には、必ずと言っていいほどワルの「番長」がいて、学校同士、不良グループ同士でしょっちゅうけんかをしていたものです。万引き、カツアゲ（恐喝）、タイマン（一対一のけんか）、バイクでの集団暴走は彼らの日常。教師に対する反発も強く、校内暴力事件や早すぎる妊娠などの問題行動は後を絶ちませんでした。何を隠そう私自身も高校時代はさんざんワルをやり、派手なけんかをすることもしょっちゅうでした。
「花まる学習会」にも、開設当初にはまだ筋金入りの不良が生徒にいました。「うちの子が不良の連中とつき合い始めたらしい」「タバコを吸っている」といった相談もよくありました。**しかし十年ほど前から、そういった相談はパタリとなくなりました。これはうちの塾だけの話ではありません。**街でも不良を見かけなくなったのです。不良はダサい、非行なんてかっこ悪い。スマートさをよしとする若者たちの価値観が、そういうふうに変わってきたのかもしれません。

今の思春期の子どもたちに親が感じている悩みは、成績の伸び悩みや、意思の疎通が悪く何を考えているのかわからないといったものが主です。いわゆる問題行動も、かつてのような非行ではなく、不登校やひきこもりが中心になりました。精神的にも身体的にも爆発的なエネルギーを持ち合わせている年頃に、外に向けて発散できず、不登校やひきこもりというかたちで内にこもってしまう子どもが増えているのです。

そういう問題もなく、よく勉強し、大人に対して従順な子であれば安心かと言えば、そうとも言い切れません。一見安心な子どもは、思春期に味わうべき葛藤を、ちゃんと味わっていないだけかもしれないからです。だからいつまでも「毒のない、従順ないい子」でいられる。今そういう子どもは非常に多いのです。

●十歳になったら「子離れ宣言」を

思春期というのは、本来、誰もが心に「毒」を持つ時期です。子どもから大人に変わる関門で、多感な心がいろいろな真実を知ってしまうからです。

今まで親や先生に教わってきたこの世の理想と、現実の社会がまるで違っていることに気づき、戸惑い、怒りを覚えます。無邪気に慕っていた親や先生が、実はたいしたことのない凡庸な人間だったと気づき、軽視したり、ときには失望を覚えたりします。親よりも友だちとの絆のほうが大切になり、秘密を持ち始めるのもこの頃。性的欲求が高まり、自分でもそのコントロールに苦しむ時期でもあります。

とにかく怒りと反発、葛藤に次ぐ葛藤の中で、つらくて切なくて心をヒリヒリさせながら生きているのが思春期の子どもたちなのです。フツフツと湧いてくる「毒」も、自我の目覚めのしるしにほかなりません。

この「毒」を、スポーツや勉強のエネルギーに変えていける子はおおむね心配いりません。悩みを相談できる親しい相手がいる子も大丈夫でしょう。

それがうまくできなかった子が、かつては非行に走っていたのだと思います。私は不良たちを、そういう自分を表現できるだけ精神的に自立した子どもたちだと思っています。だから講演でも「不良は大丈夫ですよ」と話しています。

これに対し、今とても多い不登校、ひきこもりの子どもたちや、一見安心な子どもたちはどうでしょう。「毒」はなく、親への「甘えや依存」がおしなべて強い。そう感じているのは私だけでしょうか。

親への甘えの中で育っている子どもたち。その背景には、当然ながら、わが子をいつまでも子ども扱いし、過保護、過干渉を続けている親たちがいます。

思春期になれば、女の子は女性らしい丸みのある、しなやかな体つきになっていきます。男の子も男性としてたくましい体格に変化していきます。男女ともに、オタマジャクシがカエルに変わるくらい大きく変化するのが思春期なのです。

そんな時期に、親が子どもに幼少期と変わらない接し方を続けているとどうなるでしょう。子どもはいつまでも親がかりで、大人になるための芽を摘み取られてしまい、「自分」を出すきっかけをつかめなくなります。本人は悶々《もんもん》としているはずですが、甘やかしてもらえるのは楽でもあるので、よほどの自立心やパワーがないと、その状態がいつまでも続いてしまいます。

子どもを一人前の大人にするには、思春期を境に、子育てのあり方を抜本的に変えなければなりません。ある時期が来たら、寂しいことかもしれませんが、決然と子離れし、これまでとはまったく違う接し方で導いていかなければならないのです。

その節目作りに私がお勧めしているのが、子どもが十歳のときに、親から子に「子離れ宣言」をすることです。「今日からあなたを大人として扱います。もうよけいな口出しはしませんから、自分のことは自分でしっかりやりなさい」と。

タイミングとしては小学五年生になる四月一日がベストです。学年が改まるときは心機一転しやすいからです。

「子離れ宣言」は親自身の決意表明であると同時に、昔あった「元服」の代わりに親が子に言い渡す「今日からあなたは大人です」という宣告でもあります。

これ以降は、それまでの子ども扱いをきっぱりやめ、親が子どもと本音のつき合いをしていきます。この役目を担うのは、子どもと同性の親。つまり男の子ならお父さん、女の子ならお母さんです。

同性の親が、生きていく上での知恵と知識を伝授していくことが、男の子を男らしく、女の子を女らしく育てる重要な鍵になる――これが、本書の柱です。

●「困った大人」にわが子を育てないために

子どもがいつまでも心配でならないタイプのお母さんは、「子離れ宣言」を勧めても、「うちの子には無理です」「あの子は私が言わないと何もやりませんから」などと言うかもしれません。

では、親離れができない子どもが将来どんな大人になるか、考えてみてください。

私の会社には、毎年多数の若者たちが新入社員として入ってきます。私としては、大人になるまでにきちんと「人間力」をつけてきた若者たちを採用しているつもりです。それでも中には驚くような発言やふるまいを見せる社員がいて、彼らは決まって短期で辞めてしまいます。

一度、「新入社員のまさかの言葉集」というのを書き出してみたことがあります。

「え？　それ、自分がやるんっすか？」「多分、私には向かないと思います」

これらは業務命令に対する返事でした。

日頃の勤務態度についてちょっと注意したときに、「言い方に気をつけてほしいんですよね、教えてくださるのはわかるんだけど」と言われたこともありました。

「この会社、大丈夫ですか?」と、心配をちょうだいしたこともありました。(笑)

こうしたビックリ発言の主は、すべて同じタイプの若者たちです。上から目線で、文句だけはつけたいというスタンスで生きているのです。自分自身が、社会人としてまだ何もわかっていないということを、まるで自覚していない。こんな新人が上司や先輩に愛され、よき仕事人として成長していけるでしょうか。

親が子どもの会社に電話をかけてくるという話も、たびたび聞くようになりました。知人の会社には、「うちの子が、先輩の指導がきつすぎると言っています」と親から苦情の電話が来たそうです。

上司に一度怒鳴られただけでウツになった人の話もたびたび聞きます。人間関係に耐性のない若者が増えているせいで、あちこちの職場に混乱が起きているのです。

問題が起きているのは会社の中ばかりでなく、男女の関係においてもゆゆしき異変が起きています。

結婚情報サービス会社の「オーネット」が平成二十五年に新成人の男女を調査した

ところ、交際相手がいると答えた男性は約二割、女性はおよそ三割という結果でした。平成七年の同調査の結果が五割だったのに比べると、激減と言ってよさそうな数字です。さらに、今までに女性と一度もつき合ったことのない男性は半数以上にのぼり、交際相手がほしいと思っていない男子は三人に一人もいるのだとか。

私が見聞きしているさらに衝撃的な事例については、本文で書いていくつもりですが、確実に言えるのは「草食系」は決して珍しい新種ではなく、もはや日本の男子のスタンダードになりつつあるということです。ゲームの中のキャラクターと恋愛して、実際の異性とはまるで関わりが持てない男子も増えています。

わが子をこうした「困った大人」に育てないための鍵は、家庭における思春期の子育てです。それも男の子なら父親、女の子なら母親の役目がきわめて重要です。

この時期に、同性の親が人生の先輩として本音をさらけ出しながら子どもと関わっていくことが、子どもの中心に生涯揺るがない柱を築きます。この役割の大きさを伝えたくて、本書を書くことにしました。

子育て中のお母さん、お父さんに、ぜひ参考にしていただけたら幸いです。

もくじ

高濱正伸の10歳からの子育て

第2章　十歳の「子離れ宣言」からの育て方　49

第3章　お母さんの役割　105

第4章　お父さんの役割　145

第1章

「男女の違い」を知れば家庭は変わる

男らしさ、女らしさが失われた時代の不幸

●夫婦のスタイルも大きく変化

時代とともに変わってきたなと感じるのは子どもだけではありません。生徒たちのご両親を見ていて「父親たちが変わってきたなあ」と感じることが増えました。

「花まる学習会」を開設した二十年前は、「昭和の父親像」を背負ったお父さんたちが、まだ主流でした。男は外で働き、家族には黙って背中を見せていればいいという価値観の人たちです。ところが今、「イクメン」の登場が象徴するように、育児に積極的にかかわろうとするお父さんたちがとても増えているのです。

平日に開かれる学校の入学式や参観日に、お父さんが仕事を休んで来るのは、もはや普通のこと。私が平日の昼間に行なっている講演にも、妻に連れられて来る男性の姿が目立つようになりました。

妻の「母親業」を支え、ともに子育てに励むお父さんが増えているのは、大変いいことだと思います。今の時代、近所や実家の助けもなく孤独に育児をしているお母さ

んが多いからです。

ところが実際は、夫婦の足並みがなかなかそろわないようです。子どもの幸せという同じ目標を向いているはずなのに、何かちぐはぐになってしまっているのです。

その原因は何なのか、私は何年も考え続けました。そこで出た結論が、**夫婦がともに「性差＝男女の違い」というものを理解していないという事実でした**。夫は「女性とはこういうもの」ということがわかっていない。妻は「男性はこういう生きもの」ということを知らない。そこで、お互いに相手に期待するものと、それぞれの実像が大きくかけ離れ、ないものねだりのすれ違いが続いてしまっているのです。

男性と女性は違います。まったく違う生きものと言ってもいいくらい、発想も、興味も、感じ方も違います。

たとえば夫婦の会話において、夫は妻の脈絡のないおしゃべりをダラダラ聞くのは苦手で、要点だけを話してほしいと思っています。そして何か聞かれると、結論を求められているのだと思い込み、結論らしきものを答えてしまいます。

ところが女性は違います。ただ話を聞いてほしい。結論を求めているわけではなく、「それは大変だったね」「がんばっているね」と共感してほしいだけなのです。だから、夫に「こうすればいいんじゃない?」「大丈夫だよ」などとあっさり結論を言われると、わかってもらえていないという寂しさと不満でいっぱいになります。

そのせいで妻が不機嫌になっているのが、夫にはわかりません。「何で毎日イライラ、カリカリしているんだろう」とうんざりし、理詰めで言い負かしてしまったり、会話自体が億劫になっていくのです。毎日がそのくり返しなので、夫婦の溝はどんどん深まっていきます。どちらが悪いのでもなく、お互い様なのです。

多くの夫婦が、子育てを始める前からそういう状態になっています。恋愛時代にどんなに盛り上がった二人も、いざ生活が始まると、お互いに「何、こいつ?」ということになってしまう。それで早々に、子どもについて話し合うことすらままならなくなっている夫婦が、実に多いのです。

二人とも、子どもの幸せ、家族の幸せを心から願っているはずなのに、なぜこのような不幸に陥っているのでしょうか。一緒に幸せになるために結婚したのだから、やっぱり幸せになりたいはずです。

ではそのために、どうしたらいいのでしょう。

答えは単純です。どちらも「性差」を理解すればいいだけです。

同じ人間だと思うから、腹が立つし、失望もする。だから私はいつも講演で、お母さんたちに「夫を犬と思いなさい」と話しています。犬が家でゴロゴロ寝転がる姿や、ほめられると有頂天になるのを見て腹を立てる人はいません。夫も同じように考え、「自分とは違う生きものである」という前提で理解に努めればいいのです。

夫にとっての妻も同じです。犬でも猫でもかまいませんが、「別の生きものだ」という前提で、その特性をありのまま受けとめ、理解していけばいいのです。

その上で、二人がどうしたら力を合わせて幸せな家庭を作れるかを一緒に考えていけたらいいのではないでしょうか。

●異性を知らないまま大人になると

男女がともに「性差」を理解できなくなっているのには、大きく言って二つの理由がありそうです。

一つは、男女平等が声高に叫ばれるようになったから。

私が子どもの頃は、「男の子は男らしく、女の子は女らしく」と、学校でも家庭でも言われたものでした。具体的にどうするのが男らしさ、女らしさなのか、生活の中で教わったものです。

しかし時代は変わり、男女雇用機会均等法の施行、「セクハラ」という言葉の普及などの流れの中で、男女を区別して考えない、考えてはいけないような世の中になりました。今の学校の先生は、男子を呼ぶときに「○○君」とは言いません。女子と同様「○○さん」と呼んでいます。

平等になったこと自体は、もちろん喜ぶべきことです。おかげで社会における女性の活躍の場が増え、今や、従来は男の仕事だと思われていた職種でも、女性の活躍は珍しくなくなりました。この点、国際的に見て日本はまだ遅れているくらいだと思います。政界にも財界にも、もっと女性のトップが増えるべきでしょう。私の会社でも、女性の登用は積極的に進めています。これからの時代は、女性の能力が会社の大きな支えになると信じているからです。

しかし、男女平等の理念が拡大しすぎた結果、本質が見失われてしまいました。男性と女性は「平等」であっても「同質」ではありません。しかし平等を追求しすぎるあまり、質の違いまで、まるでないもののような扱いにされてしまったのです。

「性差」が理解されにくくなっている理由の二つめは、人間関係が全体的に希薄な世の中になっていることです。

かつては家族や親族の数が多く、行き来もひんぱんでした。地域のつき合いも盛んで、お互いに助け合って生きていました。その中で子どもたちは、幼少時からさまざまな年代、さまざまな性格を持つ、多様な異性を間近に見ることができたのです。

しかし今は核家族化が進み、きょうだいの数は減り、ご近所づき合いもぐんと少なくなりました。その上に男子校や女子校に進学し、本人が恋愛にも消極的となってしまうと、結婚前に異性について学ぶ機会はほとんどなくなってしまいます。

すでに今、誰にも「性差」を教わらないまま大人になった男女が続々と社会人になっています。彼らは異性に対する幻想と期待をふくらませて結婚するのですが、現実の相手とはうまくやっていけません。

それもそのはず、男性は男性の考え方が世の中の常識、当たり前だと思い、女性は女性の考え方が世の中の常識だと思っているからです。お互いに別々の土俵にいたまま、「相手が間違っている」と思い込んでいるので、いつまでも埒《らち》があきません。

これが日本の多くの夫婦の現状なのです。

男女の違いをお互いに理解することが幸せの鍵

●違いを認め合えばどちらも幸せに

「性差」が見失われているためにうまくいかない夫婦が増え、そのことが夫婦のみの関係にとどまらず、子どもたちの学力や精神的安定に大きく影響しているこの現状を早急に何とかしなければなりません。

私は、「男の子は男らしく、女の子は女らしく」と教える教育を、適度に復活させてもいいのではないかと考えています。先ほども書いたように、男性は男性の考え方、女性は女性の考え方を、当たり前で普通だと信じ切っている以上、「性差」というのは、あえて教育しない限り、理解のしようがないからです。

何も私は、男女差別の激しかった昔に戻したいわけではありません。長い年月をかけて、男女の社会的性差がなくなり、育児に熱心な男性も増えてきた。このすばらしい現状は保っていくべきでしょう。

しかし、そうは言っても男女が本質的には違うということは、忘れてはならないこと思うのです。違いを認め合うことが、すべてのスタートだと思います。

男女とも、それぞれに「得意」があります。その得意をお互いに生かし、支え合ったときに最高の子育てができるのではないでしょうか。父親も母親も同じような接し方では、二人いる意味がありません。

また、男女が違いを認め合うと、どちらとも幸せになるという事実も、ぜひ強調しておきたいことです。男性も女性も、それぞれの特質を発揮して生きているときにこそ、幸せを感じるものなのです。

たとえば男性は「ギリギリ感」が好きです。追いつめられて、「生きるか死ぬか」という土壇場で、ぐゎーっと底力を発揮するときに、生きている実感をかみしめます。女性は自分にそういう部分がないから、それが男性の特質だということを知らないと、「何でわざわざそんな危険を冒すの？」という冷めた目で見てしまいます。そして男性の幸せに水を差してしまうのです。

一方の女性は、概しておしゃべりが好きです。しかし男性の中には、なんでそんなにおしゃべりが楽しいのかがまったくわからない人もいます。そんな男性にとっては女性の好きなショッピングも、つき合わされるのは苦痛以外の何ものでもありません。

それが女性の特質なのだと知らないと、おしゃべりやショッピングを「くだらない」と決めつけてしまいます。

若い世代の夫婦には当てはまらない例もあるかもしれないですが、男性も女性も、「自分にはわからないけれど、相手にとってはそれが幸せなんだなあ」と理解することが大切です。

では、「男の子は男らしく、女の子は女らしく」と教える役目を、誰が果たしたらいいのでしょうか。

今の学校教育に、それは期待できません。性教育は充実してきているようですが、男女の精神面での違いについては、学校の立場ではなかなか教えられないと思います。学校が「男はこうです」「女はこうです」など一般化した言い方をすれば、「差別だ」「個性を無視した教育だ」という問題にもなりかねない世の中だからです。

ですから「性差」の教育は、家庭でやるしかありません。男の子に「男の子らしく」、女の子に「女の子らしく」と教えるだけでなく、女の子に「男ってこうなのよ」、男の子に「女の子とはこういうものだよ」と、異性を理解させることも大切でしょう。

そして両親が、お互いの特質や幸せを尊重し合って暮らしている姿を見せていれば、それだけでもいい教育になります。これから大人になる子どもたちも、男性として、女性として、幸せな人生を送りたいと思うでしょう。

自分の子どもの幸せを願わない親はいません。しかし、男性として、女性として幸せになってほしいという思いは、案外乏しいのではないでしょうか。

それどころか、自分の子どもが将来恋人を連れてくるとか、よその誰かと結婚するということなど「想像もしたくない」という親が圧倒的に多い。特に男の子を持つお母さんのほとんどがそうなのです。

●わが子を「モテて魅力ある大人」に育てよう

「花まる学習会」では、生徒たちが大人になったときの人物像について、二つの目標を掲げています。「メシが食える人」と、「モテて魅力のある人」です。

一つめの「メシが食える大人」は、自立して生きられる一人前の大人になってほしいということです。勉強ができるだけではだめで、将来経済的、社会的、精神的に自立できる大人に育てることが、子育ての一番の目標だと考えているのです。

二つめの「モテて魅力ある大人」は、「なぜそれが学習塾の目標なの？」と首を傾ける人もいるかもしれません。しかし、「モテる人」になってこそ幸せな人生を送れるというのは、私の揺るぎない信念です。勉強ができても、東大に入れても、その後の長い人生が幸せでなければ何の意味もありません。

「モテる人」というのは、若いときに異性にちやほやされるということだけではありません。私はこの言葉に、たくさんの意味をこめています。

意欲と集中力にあふれていること。チャレンジ精神やバイタリティにあふれていること。自分だけの哲学を持っていること。人の気持ちを思いやれる優しい人であること。何かを達成した体験、克服した体験をたくさん積んでいること。感性豊かでユーモアがあること。有能でリーダーシップをとれること……。

要するに、トータルな人間力がある人を「モテる人」としているのです。大人になるほど、実際にモテている人は、そういう人であるはずです。美男美女であるだけでは、若い頃はよくても、生涯モテ続けることはできません。

人間力をしっかりそなえた大人になると、慕う人たちがまわりに集まってきます。そして自由自在にやりたいことを実現できる、最高に楽しい人生になります。医師になろうと思えばなれるし、会社を作ろうと思えば作れる。好きな異性を射止めて幸せな家庭を築くこともできます。私はモテる人になることが家族を支えていく能力につながると思っています。

わが子がそういう大人に育ってくれたら、親として最高ではないでしょうか。

最近は「なんで結婚しなくちゃいけないの？」と思う若者が増えているようです。結婚のとらえ方やかたちは、文化や考え方によってさまざまありますし、結婚を選ばない自由も、もちろんあっていいと思います。

しかし私は、次世代を育てることは生物としての本能であり、願望として持っているものだと思います。人間は本来、つがいになりたい生きものだと思うのです。たとえば、もし無人島に男女二人だけが取り残されたら、自然に結婚したくなるのではないでしょうか。

家庭を持つ幸せ、子どもを育てる幸せというのは、なぜかあまり大っぴらに語られていませんが、私はそれだけで若者向けに一冊書けるのではないかと思うくらい、大事なテーマだと思っています。

未来ある子どもたちにも、ぜひ「モテて魅力のある人」として育ち、幸せになってもらいたい。そのためにも「性差」の教育は欠かせないのです。

幼少期から「性差」はある

●「すげえ」と崇められたい男の子

男女の性差。それは子どもが幼いときからすでにあります。

幼少期の男の子は、とにかくじっとしていません。危険なことに挑戦し、ぎりぎりセーフのスリルを味わうことを好みます。「誰が一番、高いところから飛び降りられるか」といった、ケガ寸前のところで競い合うのも大好きです。

好きな遊びは、戦いごっこ。鉄砲らしい形のものを見つけると、すぐに「バン！」と撃つ真似をします。

下品な言葉を言い放つのも好き。「うんち、おしっこ、ちんちん」などと言ってゲラゲラ笑っています。

マニアックなところも男の子の特徴です。山手線の駅名を全部覚えたり、ポケモンカードを全部そろえたがったり。消しゴムのカスをせっせと集めている男子生徒も、以前にいました。

ばります。

「そんなつまらないものを集めても」という発想は、男の子にはありません。内容が何であれ、完璧に集め尽くすところに価値があり、男の子の間では一目置かれるのです。あいつが十グラムならぼくは二十グラムと、「すげえ」と言われたい一心でがんばります。

そう、男の子の世界で最高の勲章は、仲間に「すげえ」と崇められることなのです。給食の牛乳で早飲み競争をし、「すげえ」と言われたがるのも男の子です。私が小学校のときには、びんを立てたまま飲める子がいて、「あいつは牛乳飲み神だ……」と尊敬されていました。女子から見れば「バッカじゃないの」という話でしょう。

こういった男の子の特徴は、どれも本質から来るものですから、一生続きます。大人の男性も、実はそういう面を隠し持っているのです。幼少期の男の子は、男性の特徴のすべてを一番素直に表現している存在だと見ていいでしょう。

お母さんたちは、そういう男の子を「かわいいけれど、わけがわからない……」と悩むものです。でも「夫は犬だと思えばいい」のと同じで、男の子はカブトムシか何かだと思えばいいのです。お母さん自身の常識にあてはめようとするのではなく、「そういうもの」としてかわいがる。それが幼少期の男の子を育てるコツです。

男の子の勉強面での特徴は、算数には興味を持ってとり組めるけれど、国語はどうも……という子が多いということです。女の子のほうが一般に言葉は早く、本や物語にもすっとなじめるので、どうしてもそう見えてしまうのです。しかし、男の子の国語力はあとから伸びてきますので、そこは安心して大丈夫です。

よく息子を読書好きにしなくてはと焦っているお母さんがいますが、男の子が本に目覚めるのは、少し遅めかもしれません。私が読書の楽しさに目覚めたのは、中学生のときでした。お母さんは心配などせず、その子のきっかけや時機が来るのを、ゆったり待ってあげていてください。

小さい頃は本より図鑑のほうが好きな男の子も多いでしょう。図鑑も大いにけっこうです。最近は非常に面白く編集された図鑑がたくさん出ています。

あとは、親が読書する姿を見せたり、読み聞かせを続けたりしていれば、自然に子どもは本に親しんでいくでしょう。

●「かわいい」と注目されたい女の子

女の子の特徴は、まず、かわいいものが大好きだということです。幼少期から、リボンをつけたり、かわいい洋服を着たり、シールを集めたりするのが大好き。「かわいいね」と人から言われるのも好きで、見られるということを常に意識しています。男の子で「かわいい」と言われて喜ぶ子はあまりいません。

女の子は言葉が早く、コミュニケーション好きという特質を早くから現し始めます。「おうちごっこ」でロールプレイを楽しんだり、便せんや折り紙にお手紙を書いたりするのも女の子ならでは。男の子が「うんこ、ちんこ」と言って笑っている間に、女の子はボキャブラリーをどんどん増やしているのです。

親しい友だちと内緒話をしたり、仲よしグループを作ったりするのも女の子です。そのグループ内で「この中でボス的な子は誰？」という嗅覚が鋭く働くのも特徴です。幼い頃から、人間関係の力学に敏感なのです。

「この子が中心人物になりそう」

「この子には逆らえない」

ということをパッと察知し、では自分はどう立ち回ったらいいのかを考えます。たまに、そういう世界がいやで孤立を保とうとする芸術家タイプの女の子もいますが、人間模様に敏感な点では変わりません。

このような女の子の特徴も、本質から来るものなので、一生続きます。大人になっても女性はよく職場やママ友でグループを作りますし、お互いの関係性には敏感です。初めて出会ったばかりの人と、何か共通点を見つけて会話を楽しむ能力も、男性より女性のほうがずっとすぐれています。

女の子の勉強面での特徴は、国語は得意だけど、算数はちょっと……という子が多いことです。女の子はその後も理数系の科目に悩む傾向があります。具体性のある歴史などの科目にはすっと入っていけるのですが、物理や数学など抽象性の高い科目は、えてして苦手。「Aの球体とBの球体が当たって、Cの方向へ行ったときに……」などという問題を読んでも、「へっ？　それがどうしたの？」という感じで、そもそも興味を持てないのです。私の高校時代のクラスにいたある女子は、「物理は愛せない」と言っていましたが、まさにそういう感覚なのだと思います。

とは言え、女の子が理数系科目を伸ばしていくことは十分に可能です。幼少期から、「数独」「なぞぺー」のようなパズルや、なぞなぞなどの遊びの中で、理詰めの思考を身につけさせていれば、算数が大得意な女の子にもなれるでしょう。

私が見てきた限り、女の子の算数ができない理由の圧倒的第一位は、「嫌いだから」でした。女の子にとって、物事を判断する重要な基準は、好きか嫌いかなのです。女の子が「これは嫌い」と決めて、闇に封じ込めてしまうエネルギーというのは、きわめて強力です。そのために、伸びるはずのものも伸びなくなってしまう子が多いのは残念なことです。

そうならないようにするには、「嫌い」「苦手」と言って投げ出すのを、大人が許さないことです。

そしてお母さんは、「この子は算数が苦手だから」なんて、くれぐれも子どもの前で言わないこと。「おたくのお嬢さんは優秀で」なんて言われると、つい「いえいえ、この子は算数がだめで」と謙遜してしまうお母さんがいますが、子どもはそれを聞き、そのまま心に刻み込んでしまいます。幼いときのお母さんの声は、神の声と言っていいくらい重いことを、忘れないでいてください。

以上、男の子の特徴、女の子の特徴を書いてきましたが、もちろん個人差はあります。あくまでも、平均的にはこういう傾向がありますよという話ですので、あしからずご了承ください。

親子関係が大きく切り替わる思春期

●オタマジャクシがカエルに変わる思春期

このような子どもたちの性差がいちだんとはっきりしてくるのが「思春期」です。「第二次性徴期」とも呼ばれるこの時期には、男の子の男性としての特徴、女の子の女性としての特徴が、生物としても明らかに表に出てきます。それと同時に、内面も大きく変わってくるのです。

具体的にいつからいつまでが思春期なのかと言うと、個人差はあるものの、だいたい小学三年生ぐらいから徐々に始まり、小学五年生の夏頃から最盛期を迎えます。それがしばらく続き、中学の終わりぐらいには落ち着いてきます。高校生もまだ思春期ですが、その頃にはすっかり一皮むけ、もうほとんど大人と言えるほどです。

十年足らずの間に子どもから大人に変わるのですから、思春期の子どもの心身の変化は相当ダイナミックです。本人は戸惑いますし、親もついていけないほど。生きものにたとえて言うと、オタマジャクシがカエルになるくらい、まったく別の姿に変わる劇的な変化なのです。

私はいつも、講演や著書の中で、「**子育てには二つの時期があります**」と説明しています。

一つは四歳から九歳ぐらいまでの「赤い箱」の時代。いわばオタマジャクシの時代です。

二つめは、十一歳から十八歳までの「青い箱」の時代。カエルの時代です。

九歳から十一歳まではその変わり目で、手足が生えてきたオタマジャクシのように、どっちつかずの不安定な時期です。これまでと同じようにも見えるし、違うようにも見えます。大人ぶって生意気にふるまったかと思うと、幼い頃のように甘えてきたりもします。この時期の子どもの内面は、大きく揺れ動いているのです。

●子どもが十歳になったら「子離れ宣言」

子どもの思春期に、家庭においてきわめて大事なことは、親が子どもに対する接し方をガラリと変えるということです。

この時期の子どもに起きてくる変化は、すべて「自立」の方向にベクトルが向かっています。それなのに親が「何を生意気言っているの」と叱ったり、「まだ子どものくせに」などとからかって、いつまでも子ども扱いにしたりするのは厳禁です。せっかく自立に向かい始めた子どもの邪魔をするようなものだからです。

子どもの宿題の心配をしたり、頼まれる前に手を貸してしまうようなことも、そろそろやめなければなりません。

プロローグにも書いた「子離れ宣言」を境に、しっかりと気持ちを切り替えないと、あとあとの親子関係に響きます。それまでうまくいっていた親子も、そのままの関係を保つことに固執すれば、かえってぎくしゃくしてきてしまうのです。

逆に、それまでにぎくしゃくしていた親子関係が、思春期を境にうまくいくようになることもあります。思春期は、それまでにマイナスを抱えていて親子が一気にプラスに転じることのできる最後のチャンスでもあるのです。

積み重なったマイナスの大きさや、子どもの性格、またどれだけ努力するかにもよるものの、思春期の子どもの心はまだ十分に柔軟です。挽回は望めるのです。

そのいい例として思い出すのは、ずいぶん前にカウンセリングに来たお母さんと娘です。

相談の内容は不登校でした。娘は学校でのいじめがきっかけで中二の頃からポツポツ学校に行かない日が増え、高校に入るとまったく行かなくなっていました。カウンセリングを進める中で、彼女はこれまで胸の中にしまっていた思いを洗いざらい語りました。

幼稚園の頃からお母さんが外で働き始め、ずっと寂しい思いをしてきたこと。妹ばかりかわいがられていると思っていたこと。いい成績をとればほめられるので、ひたすら勉強をがんばってきたけれど、それももう限界だということ。

これを聞いてお母さんは相当ショックを受けた様子でした。そしてワンワン泣きながら「全然そんなつもりはない。あなただってかわいいに決まっているじゃない！」と言い、自分よりも大きな娘を、幼い頃のように力いっぱい抱きしめたのです。

娘はほどなく学校に行くようになりました。お母さんの深い愛が、寂しさで長いこと凍りついていた娘の心を一気にとかしたのです。

子どもの思春期には、親子のあり方、家庭のあり方を見つめ直し、必要であればこの親子のように仕切り直しもして、子どもの健やかな自立を支えていきましょう。

男の子はお父さん、女の子はお母さんの出番

●思春期の子どもと寄り添えるのは同性の親だけ

子どもが思春期になったら、親は接し方を変えることが大事だと書きました。ではどのように変えるかと言うと、親子の性別によって大きく違います。

大まかに言うと、子どもと同性の親は、これまで以上により重要な役目を担う存在としてクローズアップされてきます。男の子にとっての父親、女の子にとっての母親がそう。このことについては、第三章と第四章で詳しく書きます。

これに対し、子どもと性が異なる親は、逆にフェードアウトしていくことになります。異性の親、すなわち男の子にとっての母親、女の子にとっての父親がそうです。異性の親が、思春期の子どもに果たせる役目というのは、ほとんどありません。もちろん教育費を稼いだり、ご飯を作ったりという役目は続きますが、精神面でのバックアップはあまりできないのです。

寂しいことかもしれません。その寂しさに、さらに追い打ちをかけるのが、子ども

たちが思春期になると、異性の親を避け始めるということです。男の子はお母さんに、女の子はお父さんに、得も言われぬ生理的拒否感を覚え出すのです。かわいがっていた子どもに完全に無視されたり、「うざい」「あっちに行け」などと言われるのは、親にとって大きなショックに違いありません。

しかしこれには、本人たちが自覚していない深い理由があってのこと。私の推論ですが、性に目覚め始めた子どもたちには、インセスト（近親相姦）を何としても防がなければという本能的なプログラムが、おそらく働くのです。

ですからこの時期は、異性の親は「そういう時期なのだ」と受け入れるしかありません。大人になったときには、より成熟した子どもとの絆が必ず戻ってきます。

ともあれ、思春期の子どもと伴走できるのは、同性の親だけです。異性の親は、距離をおいて見守るしかありません。できることがあるとしたら、同性の親のサポートです。息子を男らしく育てようと努めるお父さんを、お母さんが陰ながら支える。娘を女らしく育てようとがんばるお母さんを、お父さんが陰ながら支える。そしてどちらかが壁にぶつかったときには相談に乗る。これもまた重要な仕事です。

●知りたいのは「本当のこと」

では同性の親は、思春期の子どもを、具体的にどう導いていけばいいのでしょう。

一番大事なことは、親が自分自身の歩んできた人生や、一人の大人としての本音を、いいことも悪いことも含めてあますところなく語っていくことです。第一章に書いた「性差」の教育も、その際の大きな柱になります。

男らしく生きていくには。女の幸せとは。男性とつき合っていくには。女性とつき合うには。この種の話は、一般論だけを言っていても伝わりません。「お母さんはこうだったのよ」「お父さんが高校のときにな」と、親自身の体験談にのせることで、初めてすっと伝わります。

思春期の子どもは、自分の体や心に起きている劇的な変化に、本人自身が戸惑っている状態ですから、どうしても言葉が少なくなります。ですから親のほうから自分をさらけ出していかない限り、なかなかコミュニケーションが成り立ちません。親のほうから、犬がお腹を見せるようにして自分のありのままの姿をさらけ出していけば、子どもは必ず親を信用して心を開きます。自慢話もときにはいいですが、失敗や後悔も打ち明けることがとても大事。子どもはそういう話には食いついてきますし、正直に話してくれた親を、これまで以上に好きになるものです。

なぜならこの時期の子どもは「本当のこと」を知りたいからです。実際のところ、大人になるってどうなのか。現実の社会はどうなっているのか。生きるってどういうことなのか。思春期にはそういう哲学的思考が始まるのです。これまで無邪気に尊敬していた親や先生が、たいしたことのない一人の人間だということにも気づきます。「校長って実はスケベなんだぜ」なんていう話が好きなのもこの時期です。

逆に言うと、思春期の子どもたちに「こうするべきだ」「こうありなさい」といった「べき論」はタブーです。「建前だけで言っている」というのはすぐに見抜かれますし、絶対に心を開きません。「自分だってたいしたことないくせに」と侮られるのがオチです。

「あのとき会社を辞めてしまったのは、お母さんの最大の失敗だったわ」、「お父さんは、好きな彼女の手も握れなかったことを今でも悔やんでいるんだぞ」など、悩んだり転んだりしながら生きてきた等身大の自分について語り、「だからおまえはしっかりやりなさい」と励ますことが、この時期には最も有効なのです。

わが子を「困った大人」にしないために

●「子育てのゴール」を考えよう

子育て中のお母さんたち、お父さんたちに、くれぐれもよく考えてほしいのは「子育てのゴールはどこか」ということです。それは子どもをいい大学、いい会社に入れることではないはずです。まわりの人に慕われ、友だちや家族と楽しくやっていける、社会性と魅力のある人物に育てることこそ、子育ての目標ではないでしょうか。

それには、何があっても笑顔で乗り越えていける「人間力」あふれる人物に育てることが大切です。

幼少時には、母親が中心となって子どもを愛情深く育てる。

思春期には、同性の親が子どもの成長をしっかりサポートしていく。

夫婦が協力してこのような子育てをしていれば、プロローグに書いたような「困った大人」にはまずなりません。確実に「人間力」のある子に育っていくでしょう。男の子を男性として、女の子を女性としてしっかり育てれば、メシが食え、モテて魅力もある、トータルな意味で幸せな大人になれるのです。

そのために、親は意識して子どもを外の世界に出すことも心がけてください。子どもにはとにかくありとあらゆる経験を味わわせることです。

どんなトラブルも必ず成長の糧になります。トラブルからわが子を守ろうと家の中に抱え込むのではなく、どんどん外に出し、大変な経験や、ときにはつらい思いもさせてください。そして、つらそうに見えるときも安易に手を出さないことです。そんなときこそ子どもは大きく成長しているのですから。

●本当は弱い男の子、実は強い女の子

今の世の中を見ると、男の子が男として育っていくための風土がすっかり失われているなあと痛切に感じます。

男というのは、女性に比べて基本的に弱い生きものです。平均寿命が短いのも男性ですし、自殺しやすいのも男性です。パートナーを亡くした後、女性は平均十八年生きるのに対し、男性は平均三年で亡くなるというデータが、男性の弱さを象徴しています。男性は妻を亡くすとすっかりしょげてしまうのに対し、女性は「メリー・ウィ

ドウ」として、再び新しい人生を謳歌し始めるのです。

だからこそ、男の子はあえて「男らしく」と言い聞かせながら育てなければならないわけです。昔の人にはそれがわかっていたから「男子は強くあるべき」といった教育をしていたに違いありません。女の子に、嫁いだら夫を立てるよう教えていたのも、そうでないと男は外でたくましくやっていけなかったからかもしれません。

ところが今の教育は、男の子であろうが女の子であろうが、けんかしてはだめ、木に登っちゃだめ、騒いじゃだめと、ひたすらお行儀がよくお利口であることをよしとしているかのようです。幼いときからそうで、けんかでもしようものなら、親が慌てて仲裁に入ったり、どっちが悪いと首をつっこんだりする始末。子どもたちだけならすぐに仲直りできるのに、親が「事件化」してしまうせいで、かえってこじれてしまい、ときにはそれが原因で友だち関係が壊れることさえあります。

女の子もそうですが、男の子は特に、けんかをしながら仲良くなるし、人間関係を学んでいくもの。よけいな手出し口出しは、本当は無用なのです。

こんな時代に男の子を男らしく育てるのは至難の業かもしれません。でも、お父さんのがんばりによっては、それは十分に可能です。父親が今、「男を育てる」上でとても重要な役割を果たすのだということを、ぜひ肝に銘じてください。

部活や習い事に励ませ、いい師匠や先輩に心身ともに鍛えてもらうのも、もちろん大事なことです。しかし日ごろ生活をともにしている父親の役割は、やはり大きいのです。自分が若い頃にしたやんちゃや、けんか、恋愛、失恋、何でも話してあげてください。そんなお父さんを息子は「けっこう話せるんだな」と思い、もっと話を聞きたくなるでしょう。

一方の女の子は、本質的に強い生きものです。そして現実的です。この世の中に地に足をつけてしっかりと生き抜いていく力は、女性のほうが圧倒的に強いのではないかと思うほどです。

そんな女の子の本質的強さを目覚めさせるため、娘が思春期になったら、お母さんは「現実の社会で生き抜く知恵」をしっかり伝えてあげてください。

この時期の女の子にきれいごとは通用しません。お母さん自身がおそらく得意としている「ぶっちゃけトーク」こそ、娘は好きだし、身を乗り出して聞いてきます。そしてその中で、お母さんへの信頼感も増していくのです。

column

●私の思春期

思春期をふり返ると、大事な出会いがいくつも思い出されます。

まずは高校時代に熱中した野球です。尊敬する先輩たちと、毎日ひたすら走り、心と体を鍛えました。今でもサマースクールで夏じゅう走り回っていますが、全然バテないのは野球で鍛えたおかげだと思います。

恋愛や人生を教えてくれたのは深夜のラジオのＤＪたちと、本でした。読書に開眼したきっかけは、中学時代にいとこに勧められた北山修さんの『戦争を知らない子供たち』。まさに当時の自分の悩みへの答えが書かれていて、その後も加藤諦三さんの本などをむさぼるように読みました。

そしてそれ以上に私を育ててくれたのは、高校時代の彼女でした。何百通もラブレターをもらうほどモテモテだった彼女が、ガキっぽい思い込みでいっぱいだった私に、「女の子ってこういうものよ」と教えてくれたのです。「異性は違う生きもの」という私の信条のルーツは、ひょっとするとこの彼女に教わったことなのかもしれません。

第2章

十歳の「子離れ宣言」からの育て方

思春期のベースとなるオタマジャクシ時代

●過保護、過干渉にはご用心

子どもから大人に変わる大事な思春期。この時期以降の成長や、親子関係のベースにあるのは、もちろんその前の幼少期、オタマジャクシの時代です。

四歳から九歳までのこの時期の子どもは、とにかく愛情をたっぷり注いで育ててください。笑顔のあふれる家庭で、のびのびと大らかに育てられる日々が、子どもに基本的な安心感を与え、親子間に強い信頼関係を築きます。

とは言え、過保護、過干渉にはならないように注意してください。親にしてみればかわいくてしかたがない時期ですし、子どもも無邪気に慕ってきますから、つい甘やかしてしまうこともあるでしょう。しかし、特に「無駄な買い与え」と、父親不在が生む「家族カプセル」にこもった子育て、そして「行き過ぎた除菌やきれい好き」の三点は、くれぐれも禁物です。生き抜く力の乏しい、ひ弱な子どもが育ってしまいます。

この三点は、私が不登校やひきこもりといった問題を抱える子どもたちのカウンセリングを長年続けてきた中で、しだいにわかってきた彼らの共通点なのです。

一つひとつ詳しく見ていきましょう。

一点めは「無駄な買い与え」です。ファミレスやコンビニに出かけるたびに、「これ買って」と言われたものをすぐに買ってあげてしまう。これでは我慢が身につきません。幼少時に、欲望がすぐに満たされることに慣れきってしまうと、のちのちろくなことになりません。親は「これはだめ、あれはいい」という基準をしっかり持ち、だめなものにはだめと言う毅然とした態度を示してください。子どもというのは、もののごとの良し悪しの基準を、日々大人から学びとろうとしている存在です。親自身の基準があやふやなのは、子どもにとっても、何とも心もとないものです。

二点めは、父親の不在、つまりお父さんの存在感が非常に薄いということです。実際お父さんは、外で家族のために忙しく働いているのですが、日頃その姿を見ない子どもには実感としてわかりません。お父さんが忙しすぎる家庭では、必然的に子育てのほとんどをお母さん一人で担うことになり、そこに閉鎖的な「家族カプセル」が生まれます。お母さんは忙しい夫に話も聞いてもらえず、孤独感とイライラを募らせながら、「家族カプセル」にわが子を抱え込んで子育てをします。この状況が子どもの成長にとっていいはずがありません。

子ども時代の基本は「遊び」です。夢中になれるのも、感受性や学力の基礎を作るのも、遊び。人間関係を学ぶのも、すべて遊びを通してだと言っても過言ではありません。特にお父さんと思い切り外で遊ぶことが、幼少期には大切なのです。しかし、週末も疲れていてなかなか遊んであげられないのが、多くのお父さんの現状です。

●「除菌」し過ぎていませんか？

三点めの「行き過ぎた除菌やきれい好き」にも、特に幼少期には注意が必要です。いま、除菌グッズが大変な人気です。除菌スプレー、除菌ウェットティッシュの類は、子育てママの必須アイテムとなっているかのようです。

しかし私は、除菌が果たしてそこまで必要なのかということに疑問を感じています。雑菌が敵でしかないなら、マイケル・ジャクソンのように無菌室で寝ている状態が理想ということになります。雑菌などどこにでもあるのです。どこにでもある以上、ほどよくつき合い続けなければなりません。それに多少の雑菌は、人間側に活力があれば打ち勝つことができます。その繰り返しをしながら免疫をつけていくことの大切さは、免疫学者の藤田紘一郎さんなどがよく本に書いています。

ところが今、子育ての現場では「行き過ぎた除菌やきれい好き」が励行されているようです。知人の話によると、ある幼稚園が、入園説明会のときに「お子さんが朝履いてきた靴下を、真っ白なままお返しします」と言い、きれい好きなお母さんたちを感激させていたそうです。

別の幼稚園には、ある子どもの両親が「うちの子が園で蚊に食われました。どうしてくれるんですか?」と言って乗り込んで来たそうです。

子どもが思い切り外遊びをすれば、泥にも汚れるし、虫にも刺されます。それをむやみに除去することが、果たして子どもへの思いやりでしょうか。

これは物理的な次元だけの話ではありません。つらい経験、不自由さへの忍耐、大変な思いも、子どもから除去しないでほしいのです。むしろどんどん味わわせるくらいがいい。子どもは大人が思うよりもずっと強いですし、自分を鍛えて成長していきたいというエネルギーを、もともと持って生まれているのですから。

カエルに変わり始める小三の六月

●「子どもだまし」が急に効かなくなる

オタマジャクシ時代からカエル時代に移る変わり目。それはすでに書いたように九歳から十一歳の、だいたい小学三年生から五年生にかけてです。オタマジャクシに手足が生えている、なんとも中途半端な姿がこの時期の子どもです。

この変化が始まる時期には、あるていどの個人差があります。九歳ぐらいの子どもでは、まだ生まれ月による成長の差もありますし、家に兄弟姉妹の誰がいるかによる違いもあるでしょう。

とは言え、私の長年の観察によると、男女を問わず集中して始まる時期があることがわかっています。それは、小三の六月です。

なぜなのかはわかりませんが、毎年決まって梅雨時になると、生徒のお母さんや、スタッフたちから、小三の子どもが勉強しなくなった、まったく言うことを聞かなくなったといった話がいくつも飛び込んでくるのです。今年もみごとなまでに公式通りで、若いスタッフたちは「来た、来た」と言って騒いでいました。

子どもが小学二年生から三年生になるときというのは、一年生から二年生になるときと違うようです。ここは子どもたちにとって、何か大きなステップらしいのです。早い子ではこの頃から体に変化が起き始めるので、その関係もあるのかもしれません。

ある生徒にはこんな変化がありました。少し前までのこの子は、逆らうたびに親に「じゃあいいよ、花まるやめさせるから」と言われ、「えーん、ごめんなさい」と泣いて謝っていました。ところが小三の六月頃から急に、「やめさせれば？　どうせそんなことできないくせに」と口答えし始めたそうなのです。

これなどは典型的な例。要するに、それまでは通用していた「子どもだまし」が急に効かなくなり、扱いが難しくなるのがこの時期の子どもです。いわゆる「反抗期」の入り口に立ったのです。

それまで「ママってすごい」「パパってかっこいい」と無邪気に言っていた子どもたちが、この時期から、親も実はたいしたことがないんだと気づき始めます。そして大人の矛盾や不完全さを、「上から目線」で鋭く突いてくるようになります。

「はーい」という素直な返事もしなくなり、「はい、はい」と気乗りしなさそうな生返事で応じることが増えます。口数も減り、たまに口を開けば、屁理屈や生意気ばかり。親にしてみれば、「一人で育ってきたような口を利いて！」と言いたくなるところですが、子どもの耳にそんな言葉は届きません。

ここで多くの親は、「子どもが悪い子になった」と悩むのですが、それはとんでもない誤解です。反抗も生意気も大いにけっこう。健全に成長している証拠です。今まで通りの素直で無邪気な子のままでいるほうが、かえって心配なくらいです。

親をないがしろにし始めるので、親としての自信を失って落ち込む人もいますが、それも違います。本当は今までのように親が大好きだし、必要としているのです。親をないがしろにして見せるのは、それ以上に、親から精神的に自立したい気持ちが強いからです。

子どもの反発は、小四、小五と学年が進むにつれて、どんどん激しくなっていきます。「ぼく（私）のことには口出ししないで！」というようなことも言い始めます。特に男子に顕著で、お母さんの干渉をやたらといやがるようになります。

そのくせ、ときには幼い子どものように甘えてきたり、しくしく泣いて見せたりもする。オタマジャクシからカエルに移行する小三から小五は、その繰り返しです。おそらくこの時期の子どもたちは、カエルになるための練習を、一生懸命にしているのでしょう。

●男女とも「ワル」に惹かれていく

思春期が始まった子どもたちは、基本的に「ワル」の方向へ向かいます。かつてのようにはっきりと非行に走る子どもは減っているにせよ、思春期に男女とも「ちょっと悪いこと」に惹かれていく傾向というのは、どの時代にも変わりません。

幼少期から大人に繰り返し教えられ、そのまま素直に受けとめてきた「清く正しく美しく」という価値観が、なぜだか急に色あせてきてしまう。代わりに「清く正しく美しく育って何になるの？」と言い放つような態度が最高にかっこよく思えてくるのが、この時期なのです。

男の子はもちろん、女の子であってもわざと乱暴な言葉遣いをしたり、大人をばかにした発言をするのを好みます。

また、「○○君はタバコを吸っているんだって」「あの二人は、子ども同士で渋谷へ行ったらしいよ」などという話が、子どもたちの間ではまるで武勇伝のように語られます。そして話題になった子は、大人からはとがめられても、子どもの世界ではむしろ「格上げ」されます。

以前ある本を読んだとき、こういう「ワル」ぶった心情も、もしかすると生物としての人間の成長と深くかかわっているのかもしれないなあと思いました。その本にはこんなことが書かれていたのです。

生きものが獲物を狙うときには、見つからないように背後に回り込み、突然ガブッとやるような、ある種の卑劣さが必要。人間にも進化の過程でそういうことをしていた時期があり、後ろにこそっと回り込んでいくときの気持ちよさをどこかで記憶している。思春期に万引きなどの悪さをするスリルを味わいたくなるのも、その記憶がよみがえるからではないか――。

確かに、不良が多かったかつての中学生たちを思い出すと、なんとなくうなずける話です。男子同士でガンのつけ合いをしたり、気の合う仲間と結社のようなグループを作ってつるみ、気に入らない子を呼び出してリンチを加えたり。

私の小五のときには、「今日は○○と○○ね」というふうに、順番に殴り合うけんかがはやっていました。物騒な話ですが、けんかが終わるとすぐに仲良く遊び始めていたのですから、他愛のないものです。持て余すエネルギーを、けんかというかたちで発散させていたのでしょう。

最近はそういうことも減っているようですが、それでも基本的に男の子は「強い」ということに価値をおき、その方向を目指して戦う生きもの。オスの力比べのようなことを本能的に好みます。

女の子も「ワル」の方に向かう点では同じです。しかし暴力ではなく、精神的な圧迫を加え合うのが特徴です。女の子は幼いときから、よく一人の子を仲間はずれにして楽しむ傾向がありますが、思春期にはその傾向がいっそう強まり、誰かを仲間はずれにするようなことが交代で回ったりするのです。

「ねえ、○○ちゃんって、最近いい気になっていると思わない？」「そうそう、私も思っていたんだ」。こんなちょっとした会話がきっかけとなり、誰か一人を仲間はずれにする。ところがまもなく、このとき意気投合していた二人の一方が、今度は別の誰かと組んで、もう一方を仲間からはずす。ロシアン・ルーレットさながらの、こうした女子の熾烈な人間模様は、中二くらいがピークとなるでしょう。

「子離れ宣言」のあとは子どもと距離を置こう

●思春期には秘密が増えていく

親のテリトリーから出て行き始めた子どもたちが、次に心のよりどころにするのが、友だちです。思春期には、親よりも友だちとの絆が大事になります。同じ思春期を過ごしている友だちとは、「もの思う年頃」同士、何でもわかり合えるのです。そしてその分、親に対しては秘密が増えていきます。

この「秘密を持っている気配」が、親にはまた悩みの種となるようです。しかし思春期に秘密はつきもの。あって当然の、これもまた健全なことなのです。

子どものことは何でも把握しておきたい、困っていることやつらいことは何でも話してほしいと思っているお母さんは少なくありません。しかし、思春期が始まった子どもにそれを求め続けるのは無理です。特に男の子は、女性への性的な関心がどうしようもなく高まり、いつも頭の中がもやもやしている状態です。そういうことを、母親と共有することはできません。と言うより、母親とだけは絶対に共有したくないのです。

私が十代の頃、ＮＨＫ教育テレビに「ＹＯＵ」という若者向けの番組がありました。あるときその番組で、精神科医の斎藤茂太さんをゲストに迎え、思春期についての討論をしていました。当時の私にはよほど印象深い内容だったのでしょう、私はその回をほとんどまるごと記憶しています。

特に忘れられないのは、斎藤茂太さんのこの言葉です。

「ぼくが思春期になったときに、母は『秘密を持ちなさい』と、ただ一言だけ言ったんです」。

これを聞いた司会の糸井重里さんは、「それはすごい、奥が深い」としきりに感心していました。

スタジオにいる学生たちは、何がそんなにすごいのか、よくわかっていない様子。テレビを見ている私も同じでした。ただ、思春期の息子に母親が言ったという「秘密を持ちなさい」という言葉に、何か「真実」のようなものがあるのは感じられました。

そして、まだ漠然とでしたが、自分の心の世界を作っていくことがこれからは大切で、そこを親に踏み込まれてはいけないんだな、と感じていました。

思春期の子どもは、親に知られたくないものに関心を持ち始め、そのことを親には感じさせないようにふるまうものです。でも親は、それを悪気のある「嘘」とは思わないでください。この時期の子どもは自分の変化に自分でも戸惑っていますから、親に心配させまいと気を遣ってもいるのです。

私自身もそうでした。頭の中はエッチなことへの関心でいっぱい。外では友だちと殴り合いのけんかだってしていました。それでも母の前では優等生のままでした。学校では生徒会長をやっていたし、家では「お母さん、何か手伝おうか」なんて声をかけるような、優しい息子でした。

母をだまそうとしていたわけではありません。どちらも「自分」でした。しかし心の中では、先生と親に気に入られている優等生の自分と、本当にやりたいことを一つもやれていない自分の間で、いつも悶々《もんもん》としていたのです。

●安心して任せられる「外の師匠」を持とう

子どもの思春期とはそういう時期ですから、親も深追いせず、潔く子離れしていくことが大切です。小五の「子離れ宣言」のあとは、子育てを同性の親に基本的に任せてください。

同性の親のほかにもう一つ、思春期にとても重要な存在になってくるのが、「外の師匠」です。

「外の師匠」というのは、親以外で子どもの心身を鍛えてくれる年上の人物です。一番いいのがスポーツや武道の先生。武道は特に「礼に始まり礼に終わる」といった「道」を説くスポーツですから、精神修養にも好適です。

私はすべての子どもに何かスポーツをすることをお勧めしていますが、どうしてもしたがらない子の場合は、音楽や絵、習字といったような習い事の先生もいいですし、塾の先生もいいでしょう。

何かわかりやすい目標に向かって子どもを鍛えてくれる人が「外の師匠」にはいいのです。それもある程度経験豊かで、筋が一本通った人がいいでしょう。そういう人は、ものを教えるときに、人生そのものを重ねて教えてくれるからです。

あいさつの大切さ。さぼらず継続して練習を重ねることの大切さ。何か一つのことに徹底的に打ち込むことの大変さ、そして面白さ。何事も最終的には自分の力でやるしかないということ。よき師はそういったことを教えてくれます。

思春期の子どもというのは、基本的にだらしなくなるし、怠ける方向へ向かいます。放っておくといつまでもだらだらと過ごしてしまうのです。親にはそこが気になってしかたがないのですが、あいにく子どもは親の言うことなど聞かなくなる時期。ですからそこをビシッと厳しくしつけてくれる存在が必要です。

不思議なことに、この時期の子どもたちは「外の師匠」の言うことなら聞くのです。親には「うるせえ」などと言いながら、野球部の監督には帽子を取って「お疲れ様でしたー」なんて素直に頭を下げられる。怠惰になっていく一方で、厳しい存在も求めているのは、思春期の子どもたちの不思議さであり、面白さでもあります。

特に、いいことはいい、悪いことは悪いという基準をはっきりと持った人が、子どもたちは好きです。その人の前では別人のように背筋がピッと伸びます。

飛び抜けた実力や才能のある人も好きで、神のように崇めたりもします。子どもの思春期にそういう「外の師匠」が一人いれば、おおむね安心でしょう。

ただ、スポーツや習い事や塾の先生といった「外の師匠」は、毎日子どもと顔を合わせるわけではありません。理想を言えば、毎日子どもに声かけをしてくれる存在がいてほしいものです。

子ども自身が尊敬していて、子どもを鍛えてくれて、毎日顔を合わせる。これらの条件にぴったりあてはまる存在がいます。それは、部活の先輩です。

部活は重要です。子どもが中学に入ったら、ぜひ部活をさせてください。それも、できればスポーツ系をお勧めします。中学の部活で子どもが変わったという例はとても多いです。それも、たくましくなった、積極的になった、努力を惜しまなくなった、いい仲間ができたなど、いい変化がほとんどです。親と子という縦一直線の関係よりも、立場的にななめ上くらいの高さから意見されるほうがいいようです。

私も中学時代のバレーボール部や、高校時代の野球部では相当鍛えられました。特に高校時代に野球部でがんばったことが、私の現在の体力や根性に今でも生きていると思います。七人いた先輩、全員大好きでした。きついしごきもありましたが、かわいがってもらいました。授業中、先生の話など上の空で、先輩たちの名前をノートにびっしり書いたりしていたほど、先輩たちは偉大な師でした。

子どもの習い事や部活を決めるときには、こうした「外の師匠」との出会いも意識するといいでしょう。

思春期からの勉強で成績を伸ばすには

●どの子にも怠け癖が出てくる

思春期になると、勉強に対する態度も変わってきます。大まかな傾向としては、男女を問わず怠け癖がついてきます。

小学三年の六月頃から、お母さんたちからの相談の九割が、怠け癖についてのもの。「今までは家に帰ってきたらすぐ宿題にとりかかっていたのに、やらなくなった」「一日に必ず一ページずつ、コツコツ解いていた問題集を、ためてやるようになってしまった」などの相談が続出します。

小三にもなると屁理屈も始まります。「なんで勉強しなくちゃいけないの？　別に将来、働かなくたっていいじゃん」ぐらいのことは平気で言うようになります。親はついムッとしそうになりますが、そういう時期なのだと思うほかありません。

子どもに怠け癖が出てくると、お母さんたちはよく「低学年のときはちゃんとやっていたのに」と嘆きます。しかし、今までは単に子どもだましが効いていただけという場合がほとんどです。勉強したページの数、表にシールを貼って喜んでいるのは、せいぜい低学年まで。小三以降は、あとで書くような、別のモチベーションが必要になってきます。

怠け癖を最小限に食い止めるには、低学年のうちに勉強を習慣化させておくことが肝心です。決して「今日はやらなくてもいいよ」という特例を作ってはいけません。宿題は有無を言わさずやらせるぐらいの厳しさで接してください。

「そんなにやりたくないなら、やらなくてもいいよ。困るのは自分だからね」などと言い渡し、結果的にやらないことを一度でも許してしまうと、一度が二度、二度が三度になって、ついには習慣化することにもなりかねません。「困るのは自分だからね」が言葉通りに本人に響くのは、小六以降と思ってください。

怠け癖の中でも一つだけ、救いのある怠けがあります。それは、好きな教科だけ夢中になってやり、ほかはやらないというもの。そういう子は、概してものすごい集中力を持っています。もちろんほかの教科もやるよう導く必要はありますが、むしろ将来が楽しみな子どもたちだと言えるでしょう。

●小五からは復習と「誠実さ」で学力アップ

子どものイメージ力や集中力など学力のベースが作られるのは小三までだと私は考えています。しかし、小五ぐらいから成績をグンと伸ばすことは可能です。なぜかと言うと、小五ぐらいから、復習ができるようになるからです。怠け癖がつきそうになる小三からの危機を乗り越えれば、勉強の仕方しだいで小五から成績を伸ばし、憧れの中学校の受験合格を目指すことも十分可能でしょう。

復習のポイントは、わからなかった問題を、わからないままにしないことです。

お勧めは、「復習ノート」です。「復習ノート」とは、その問題の内容と、正解、できなかった理由、その問題から自分は何を学んだかという教訓、以上の四項目を、ノートに整理しておくというものです。ノートに書いて終わりにするのではなく、一日後、一週間後、一か月後というふうに時間をおいて、また繰り返し、同じ問題を解いてみます。これを習慣にしていれば、どんな教科も完全に理解しながら前に進んでいけますし、成績は確実に伸びていきます。

ところで、学力を伸ばしていくうえで私がとても大事だと思っていることの一つに、「誠実な人柄」があります。つまり、**わからないのにわかったふりをしない。「嫌い」**

や「苦手」という言葉に逃げない。苦手なら人一倍がんばる。そういうまっすぐでひたむきな人柄です。「人柄が学力に関係があるの？」と不思議に思うかもしれませんが、自分をだまさない誠実さは、学力にも大きな差を生み出すのです。

わからないのにわかったふりをしてしまうのは、特に女の子に多い傾向があるのですが、私の高校時代の同級生に、「わかりません、先生」と堂々と言える女子がいました。授業の流れを何度でも止め、「先生、まだわかりません」と、とことん食い下がるのです。「またあいつだ」「なんでそんなことがわからないの？」と、ほかの生徒たちが失笑しているのを気にする様子もなし。彼女にとって、わからないことをそのままにするのは、何とも気持ちの悪いことだったのでしょう。

そういう子は結果的に強いのです。彼女は医学部に進み、今は医師として活躍しています。

わからないときに「わかりません」とまっすぐに言える子どもを育てるには、親の接し方がとても大切です。幼い頃から、「わからないと言っても、あなたはダメじゃないよ。そんなあなたでも愛されるよ」という根本的な安心感、自己肯定感を与えておくこと。それが後に学力を伸ばしていくための大事な要件となります。

ところが多くのお母さんが、この点、非常に苦手なのではないでしょうか。「わからなくても大丈夫、失敗しても大丈夫よ」という大らかな態度で接することができません。それどころか、「なんでこんな簡単なことがわからないの?」「昨日やったばかりじゃない!」などと、どこまでも追いつめてしまいます。

「わからない」と言えたことは、ほめてやらなくてはならないくらい勇気のいることなのに、「もう、開き直って!」と腹を立ててしまう。これでは子どもが勉強を本当にいやになってしまいますから、くれぐれも注意してください。

●すぐれた「外の師匠」がモチベーションに

思春期には「外の師匠」が必要だという話をすでに書きましたが、これは勉強面にも言えます。

学校や塾で、勉強の本質的な面白さを上手に教えてくれる、いわゆる「筋のいい」先生と出会えると、子どもはその先生を尊敬し、その教科が好きになります。教え方のうまい先生は、思春期以降の勉強の大きなモチベーションになるのです。

低学年のときは、面白い先生、親しみやすい先生に人気が集まりますが、小五ぐらいになり、大人を見る目がシビアになってくると、子どもは実力のある先生のみを敬うようになります。一方、きれいごとを言っているだけの先生には耳も貸さなくなります。未熟な自分を棚に上げ、大人をなめ始める。しかし尊敬できると判断した先生は、たとえ怖くても崇めるのが、この時期の子どもたちなのです。

安心してわが子の勉強を見てもらえるような、よき「外の師匠」が見つかれば幸いです。見つかった場合は、お母さんはそれ以降、できるだけ子どもの勉強に介入しないようにしましょう。

思春期以降の子どもは親を遠ざけようとするものですが、受験勉強のサポートのために、いつまでも子離れしないお母さんは多いのです。すると子どものほうも、「ママ、あのプリントどうしたっけ?」という感じで、いつまでも親がかりの依存状態を続けてしまいます。

特に男の子がこうなりがちなので、中学受験を考えている男の子のお母さんは、くれぐれも注意してください。

性差や恋愛は同性の親が教える

●親自身の恋愛をざっくばらんに話そう

思春期に学ぶべきことは、もちろん勉強だけではありません。男の子が男性として、女の子が女性として幸せな一生を送るためには、異性とのつき合いについて学んでおくことも大切です。

すでに書いてきたように、これを教えるのは同性の親の大事な役割になります。デートのいろはから、恋愛、セックス、避妊、そして結婚に至るまで、親が自分自身の経験や、そこから得た教訓をあますところなく話してあげてください。もちろん一度に話す必要はなく、まずは思春期の体の変化や、親自身の初恋について話していくといいでしょう。そして子どもの成長を見ながら、時期を追って、性的なことなど、少しずつ深い話題に移っていくのです。

これについても、子どもは一般論や「べき論」には興味を持ちません。していいのは、親自身の体験にもとづく話。「えっ、親がこんな話するの?」とはじめは驚くかもしれませんが、やがて子どものほうも身を乗り出してくるはずです。

「男って、私たち女とは違ってこういうものなんだよ」もしくは「女って、俺たち男とは違ってこういうものなんだよ」と、異性の特質についてもよく教えてください。

たとえばお母さんが、娘に「男はいつまでも夢を追い求めて生きているようなところがあるから、結婚したらあなたがしっかり地に足をつけていないとだめよ」、「今の男性は、なかなか自分から積極的に女性にアプローチしないようだけど、女からアプローチするにしても、最終的なセリフは彼に言わせるのよ。何だかんだ言っても男は追いかける側でいたい生きものだから」などと伝授する。

あるいはお父さんが、「女性というのはとにかくおしゃべりが好きで、話を聞いてもらえていないと感じると、すぐにイライラし出すんだ。ちゃんとあいづちを打って共感しながら聞くといいぞ」、「最近の女性は強いし積極的らしいが、やっぱり男性にデートに誘ってもらったり、恋愛をリードしてもらったりすることを待ち望んでいるんだぞ」などと伝授する。

思春期の子どもは異性に興味津々ですから、真剣に耳を傾けることでしょう。

特に乗ってくるのは女の子のほうかもしれません。男の子は、「あの子のおっぱいすごいよな」などという会話は好きですが、そういう視覚的な興味は旺盛でも、恋愛について語るには、まだ幼さがあります。

その点、女の子はおませですから、小五にもなれば早くも恋愛話が大好きに。女子が数人集まれば、「○○と○○って絶対つき合ってるよね」「○○って○○のことが好きなんじゃない？」といった話に花が咲きます。結婚についても、男子に比べれば、相当早くからリアルに意識しています。

●失敗や後悔のほうが学びになる

お母さん、お父さんの中には、「自分の体験を話せばいいと言われても、恋愛らしい恋愛はしてこなかったし……」「失恋や片思いばかりだったから、教えることなんてないなあ」などと困ってしまう人もいると思います。

でも大丈夫。そういう人も、ありのままの自分の恋愛歴を話せばいいのです。恋愛のマニュアルや理想論なら、いくらでも本などで学べますから、親が言う必要ありません。失敗も後悔も含めて、一人の大人が歩んできた現実を話せばいいだけです。

「お母さんはね、昔すごく好きだった人と、私のわがままが原因で別れちゃったの。

今はパパと幸せだけど、あのとき素直にごめんなさいと言えていたらって、今でも悔やむことがあるのよ」

「お父さんはな、ずっと優等生で、自分はデキると思って生きてきたけど、中高とも男子校だったせいで、恋愛らしいことはほとんどしてこなかった。お母さんがなんとか結婚してくれて、今は幸せだけど、正直なところもっと恋愛しておけばよかったなあと思っているんだよ」

こんなふうに自分の失敗や後悔をさらけ出してくれる両親に、子どもは今までとは違った親しみを覚え出すでしょう。

以上の話は、あくまでも同性の子どもに対してのことです。異性の子どもに親の恋愛について話すのは、逆に「絶対にタブー」だと心してください。

特に男の子にとって、母親は神聖きわまりない存在です。「アイドルはトイレにも行かない」という笑い話がありますが、それと同じくらいの幻想を母親に抱き続けていたいので、そんな話は、多感な思春期には聞きたくありません。

思春期のいじめ問題にどう立ち向かうか

●「いじめはなくならない」を前提に

子どもにまつわる親の心配事は尽きませんが、「いじめ」もその大きな一つではないでしょうか。いじめ自殺事件の報道が後を絶たない昨今ですから、わが子もいじめに遭っていないかと気にしている親は多いと思います。

まして思春期になると、子どもは学校での話を家ではあまりしなくなるので、子どもにちょっと変わった様子があると、いじめられていることを隠しているのではと、親は気が気でなくなるようです。

思春期のいじめ。それは確かに、幼少期とは質が違ってきます。

幼少期にもちょっとしたいじめはありますが、お互いが恨みを持たない時期なので、後を引きません。翌日になればケロッと忘れて仲良くしています。

思春期のいじめはまるで別ものです。すでに書いたように、思春期は「清く正しく美しく」生きようなんて思えない時期。マグマのようにフツフツと邪悪なものが湧き出てきて、持て余すエネルギーで、何か悪いことをせずにはいられない時期でもあり、誰かをいたぶりたい。そんな不安定きわまりない年頃なのです。

ましてや最近のいじめは、従来のそれとは段違いに卑劣で執拗なものに変わってきています。ネットを使った、顔の見えない陰湿ないじめも多発しています。

いじめについて確実に言えることがあります。それは、いじめは絶対になくならないということです。今、学校で「いじめゼロ運動」をしているようですが、残念ながらなくすのは無理でしょう。

人間関係というのは、基本的に、いいことばかりではないのです。仲良しだと思っていた相手から思わぬ意地悪をされたり、信頼していた人に裏切られたりといったことの繰り返しです。それは、大人である読者のみなさんこそ、実感していることではないでしょうか。大人の社会もいじめだらけです。会社でも、ママ友の世界でも、学校の先生の間でさえ、いじめが後を絶たない。それなのに子どもの世界からだけいじめをなくそうとしても無理な話なのです。

学校ではこんな大人の世界の当たり前のことでさえ教えてはもらえません。本気で「イジメをゼロに」と先生たちは子どもたちに語っています。だからこそ、親が、本当のことを子どもに教えなくてはならないのです。

以前、お魚らいふコーディネーターで、テレビでおなじみのさかなクンが、「いじめられている君へ」と題していじめについて書いているのを読みました。

水槽に魚の群れを入れると、必ずいじめが起こるそうです。いじめられてウロコまではがされている魚を、さかなクンは気の毒に思ってすくってあげるのですが、ほどなく新たな犠牲者が選ばれ、同じ繰り返しになるそうです。その魚をすくえば、また次の魚というふうに、終わりはいつまでも来ないのだとか。

つまり生物は、そういう本質を持っているようなのです。この魚たちの場合で言えば、本当は海で泳ぎたいのに、狭い水槽に入れられてしまった。そのイライラを、誰かをやっつけることで解消したい気持ちに、ついなってしまうのです。

人間社会も約束事に満ちています。本当はもっとのびのびと生きたいのに、素っ裸で過ごすことも、年中遊び暮らすことも許されない。学校もそうで、校則があり、時間割があり、授業中は椅子に座って話を聞いていなければなりません。水槽の中の魚と同じくらい、窮屈な暮らしをしているのです。

人間はいちおう高等生物ですから、我慢やルールを文化として学習し、がんばってそれに従って生きていますが、やはりどこかでイライラが募っています。そこでフッフツと、うっぷん晴らしに誰かをいじめたい気持ちが湧いてくるのではないか。

いじめることが、なくしようのない生物の本質ならば、それを前提にした子どもたちへの指導こそが必要です。いじめにどう対処するか、そしてどうしたら人をいじめたい気持ちを自制できるかを教え、強くなるよう導いていくしかありません。

●いじめに勝てる強さを身につけさせよう

幼少期の子どものけんかに親が干渉しすぎてはいけないという話をすでに書きましたが、思春期以降のいじめも同じです。

最近のいじめはあまりにもひどいものが多いので、どこまで黙って見守っていていいかは判断に苦しむところです。しかし親が出て行くことでより複雑化することもあるので、安易に干渉しないほうがいい場合が多いのです。いじめには理由なきものが多く、犠牲者が順番にまわっているようなところがありますから、時間が過ぎれば自然に収束していくこともよくあります。また、いじめを乗り越えることで強くなる子どもが大勢いるのも、私が見てきた確かな事実です。

親にできることは、わが子がいじめに遭ったときの準備として、強く跳ね返せる知恵と力をつけてあげることです。**その知恵と力には、二つあります**。一つが「**笑いのセンス**」。もう一つは、「**強力なオーラ**」です。

笑いのセンスが身についていれば、つらいことも笑いに変えられ、どんな状況にも明るさを見出せます。笑いが絶えない家で育った人には、ちょっとやそっとのことでは折れない強さがあるのです。笑いのセンスというのは学校では教わりませんが、**人生においては必修科目と言っていいくらい大事なものだ**と私は考えています。

私も小学五年のときにいじめに遭いました。頭が大きいことから、クラスのみんなに「でこっぱち」と呼ばれてからかわれていたのです。好きな女の子までが一緒に「でこっぱち」の大合唱をしている姿を見て、どこまでも落ち込んでいた私でした。

つらい日々が一か月も続いた頃、私は生徒会の副会長に立候補しました。選挙演説の台に立つ直前、私は突然あるギャグを思いつき、実行しました。「私があの、頭のでっかい高濱です！」と、横向きで自己紹介し、礼をした瞬間に頭をゴチンとマイクにぶつけたのです。その反響音はボワワワンと会場に広がり、全校生徒は大爆笑。それきりいじめはピタリと収まりました。

今ふり返ると、それまでの私には、どこかモジモジ、オズオズしているようなところがありました。人間もほかの生物と同様、生命力の乏しい、ひ弱な感じがする人をいじめたくなるもの。私もきっとそう見えていたから、クラスの子たちはついからかいたくなったのだと思います。しかし全校生徒を笑わせたことで自信を得た私は、もはやひ弱さを感じさせなくなり、クラスのみんなはいじめ甲斐をなくしたのでしょう。選挙演説以降の私は、むしろみんなを笑わせる人気者になりました。

二つめの「強力なオーラ」も、ぜひ身につけさせてあげてください。自分に自信があり、毅然とした雰囲気をまとった子に、いじめは寄ってきません。

以前の教え子に、ピアノコンテストでいつも一位をとっている女の子がいました。ちょっとすました雰囲気が、生意気に見えたのでしょう、男の子たちによくからかわれていました。しかし彼女は、まるで撥水加工のコーティングをしているかのように、まったく相手にしていませんでした。いじめのビームは、彼女の自信のオーラにあっけなく跳ね返されていたのです。

親はわが子に何か一つでいいから、自信を持てるものを身につけさせておきましょう。それは、いじめを跳ね返す力にもなるのです。

共通の趣味が親子のコミュニケーションを保つ

●気軽に楽しめる共通の趣味を持とう

幼少期にはしょっちゅう、「ママ、見て、見て！」「ママ聞いて、今日ね……」とまとわりついてきた子どもたち。うるさいくらいに親になついてきた彼らも、思春期になると家での口数がぐんと減ります。

特に男の子は別人のように寡黙になり、必要なことしか話さなくなります。やがて声変わりもしますし、お母さんにとっては息子が遠くへ行ってしまったようで、寂しくなるものでしょう。

女の子は相変わらず基本的におしゃべりが好きですが、やはり秘密を持ち始めますし、お父さんとは口を利かなくなることもあります。

悲しいことかもしれませんが、思春期の子どもが、特に異性の親と話をしたがらなくなったり、秘密を持ったりするのは、ごく普通のこと。発達の段階で自然に起きることで、むしろ「順調に成長している」と温かく見守りたいものです。

とは言え、親子のコミュニケーションのきっかけは、一つでも多く残しておくといいでしょう。そのほうが、何か問題が起きたときのやりとりもスムーズです。

旅行をコミュニケーションの機会にしている家族は多いようです。「わが家はふだんはそれぞれに忙しく、なかなかみんながそろわないんですが、年に一、二度、必ず家族旅行をして絆を深めているんです」といった話をよく聞きます。

しかし家族旅行には賞味期限があります。子どもは小五になる頃から、家族で旅行に行くのを億劫がるようになるのです。別に親と話すこともないし、友だちと遊んでいたほうがいい、と。親は傷つきますが、そういう年頃になったのだと受けとめるしかありません。

一番いいのは、日常の中で気軽に楽しめる、共通の趣味を持つことです。それも継続していきやすい、飽きの来ないものがベストでしょう。

●長く続けられる趣味が一番

親子がともに楽しむのは、どんな趣味でもいいのですが、野球やサッカーのチームを一緒に応援するというのは特にお勧めです。勝ち負けの世界なのでわかりやすいし、みんなで手に汗を握ってハラハラできるし、「惜しかったよねぇ」「あのプレイはすごかったよね」などと言っていつまでも盛り上がれます。

「花まる学習会」の本部は埼玉県の北浦和にあるのですが、土地柄「一家で浦和レッズのファンです」という生徒がたくさん通っています。親子が真剣になって、勝った負けたで盛り上がっている様子はとても楽しそうです。スポーツ観戦は男女の別なく楽しめるので、異性同士の親子や、夫婦のコミュニケーションをよくするためにもお勧めです。囲碁やオセロなどのボードゲームもいいでしょう。天気に関係なく、休日のちょっとした時間を使ってできますし、男女問わず楽しめます。思考力のトレーニングにも絶好です。

男同士の父と息子なら、オタク的な趣味を共有するのもいいものです。各地の鉄道を一緒に乗り歩いている「鉄ちゃん親子」は珍しくありません。コミケに足しげく通うのを楽しみにしている親子もいるようです。

女同士の母と娘が気軽に楽しめるものの一番は、何と言ってもショッピングでしょう。小六のある女子生徒は、お母さんと大の仲良しです。二人のコミュニケーションの中心には、ショッピングがあるようです。

ちょっと暇だなあと思うと「買い物にでも行く？」と声をかけ合い、近所にある大型スーパーの洋服売り場をウィンドウショッピングして回ってくるのだとか。「これ似合うんじゃない？」「こっちの色のほうがいいよ」などと言い合うのが楽しくて、何も買わなくても、とてもすっきりした気持ちで帰ってくるのだそうです。渋谷や池袋などの大きな繁華街に行くと、おそろいのファッションに身を包み、腕を組んで歩いている母と娘の光景をよく見ますが、やはりそういう親子なのでしょう。

女性のショッピング好きはだいたい一生続くので、そういう親子はずっとコミュニケーションを保っていられます。娘が大きくなり、親子のサイズが一緒になれば、服の交換も楽しめますし、お母さんはいつまでも若い気分でいられます。

同じアイドルを追いかける母と娘も、ずっと仲良しでいられます。「嵐の中では絶対大野君がいいよね」「えー、松潤に決まっているでしょ」といった会話が、女性は大好き。男性のウワサ話も、女性にとってはほぼ一生続く楽しみですから、親子がいつまでも仲良しでいるきっかけにしやすいでしょう。

葛藤がない近年の思春期

●「もの思う年頃」に疑問や反発を感じない

プロローグに、最近の思春期の子どもたちはおしなべて「いい子」だという話を書きました。かつていた不良たちのように、思春期の「毒」を外に向けて発散する子どもたちはすっかり減ったと。

思春期の子どもに限りません。今や幼稚園児からしてお行儀のよい従順な子が多く、いわゆる「やんちゃ坊主」や「おてんば娘」はあまり見なくなりました。

特に男の子の「いい子」化に、私は違和感すら覚えます。塀によじ上ったり、取っ組み合いのけんかをしたり、女の子のスカートめくりをしたりしてしょっちゅう叱られているような「悪ガキ」たちは、いったいどこへ行ってしまったのでしょう。

第1章で、「男の子はカブトムシだと思って育ててください」と書きました。カブトムシはすぐにオス同士でけんかを始めます。それが本質なのです。ところが、そのツノを早々にポキンと折られてしまっているのが、今の男の子たちではないでしょうか。けんかしながら成長していく機会を、はなから取り上げられてしまっているのです。けんかはいけません、ふざけてはいけません、騒いではいけません。ひたすらお行儀よく、仲良く、平和に、きちんと。

そのような、持って生まれた本質とは一八〇度異なる枠に、女の子と一緒にはめられて成長していく男の子たち。

男の子たち自身にエネルギーがあれば、思春期にもなるとそういう育てられ方に疑問を感じ、大人に反発してくるでしょう。しかし今の男の子たちは、大人にぶつかってこない。「毒」を出してこないのです。

表向きは「いい子」でいて、「毒」は内面に封じ込めているのでしょうか。それならば、やがてそれは、うつやひきこもり、陰湿ないじめといった歪んだかたちで出てくる可能性があります。

それとも、そもそも何の疑問も反発も感じていないのでしょうか。それならそれで問題です。

思春期は、いわば「もの思う年頃」。自分なりの哲学が始まる時期です。人生や社会というものを意識し始めれば、途端に山ほどの疑問が出てくるものです。その時期に何も感じていないというのは、少々危険な感じがします。物事を深く考えない、情報を鵜呑みにしやすい、なんでもかんでも「はーい」と素直に従うような、「自分がない」大人に育ちはしないかと。

実際、「自分がない」大人は増えているのです。「自由にやりなさい」「個性を発揮しなさい」と言われても、自分がいったい何をしたいのかわからない、自分がどういう人間だかわからない。

これも思春期にとことん悩んでいなかった、考えなかった、葛藤していなかったことの結果ではないでしょうか。

●「毒」が外に向かう子は救いやすい

思春期にはどんどん「毒」を出すべきです。

プロローグに書いたように、何も非行に走る必要はなく、がむしゃらにスポーツに打ち込むことで発散してもいい。特に男の子は、本来持つ「戦い」のエネルギーをスポーツで発散できますから、それができればベストだと思います。

あるいは、親しい友だちととことん本音を打ち明け合い、悩みや葛藤を共有するのもいい。女の子たちはこれが得意でしょう。

　または、親に対し、募る不満や疑問を正面切ってぶつけたっていいのです。親が本気で受けとめれば、それまでの親子間の問題が解決され、よりよい関係を築くことも可能です。そのいい例をご紹介しましょう。

　かつての教え子で、中学のときに不良と友だちになった女の子がいました。今は死語かもしれない「スケバン（女番長）」的な女の子と親しくなったのです。それを人づてに聞いたお母さんが、心配になって私のところに相談に来ました。

　私は気持ちに共感しつつも「基本的には中学時代の友だちは、自分の目で判断して決めているので口出しすべきではないですね。と突き放しました。お母さんは途方に暮れてしまったのですが、ふと昔、私の講演の中で聞いた「一人っ子作戦」を思い出したそうです。「一人っ子作戦」とは、子どもの問題の多くは、親と子が一対一の時間をつくる方法で解決しますよ、という内容です。お母さんは「一人っ子作戦」を実行してみることにしました。娘と二人きりでドライブに出かけたのです。遠くへ出かけたわけではなく、ただひたすら首都高をぐるぐると回っていたそうです。二人きりで話し合うことが目的なので、それでよかったのです。

しばらくはムッとして一言も発しなかったそうですが、どのくらい走った頃でしょう。女の子がふと、お母さんに言ったそうです。

「今まで一度だって二人でドライブなんかしたことなかったよ。ずっと寂しかったんだからね」と。実はこの女の子の弟にはしょうがいがあり、お母さんは弟のほうにかかりっきりだったのです。

親子の問題を解決する上で大事なのは、本音をさらけ出し合うことです。なぜなら、ほとんどの問題の原因が、どちらか、または両方が、相手に虚構を押しつけていることだからです。そこでどちらかが勇気を出して心を開くと、こじれていた関係に風穴が空き、劇的な関係改善に向かうものなのです。

本書には「親が本音を語ることが大事」という話が何度も出てきますが、これは子どものほうから本音を語ったみごとな例で、彼女は本当によくやったと思います。

彼女の言葉のあと、お母さんからも「そうだったの。そんなに我慢していたことに、お母さんは気づかなかった。本当にごめんね」といった言葉が次々にあふれ出てきたそうです。母と娘はもともとおしゃべり好き同士ですから、そこからは俄然、会話が盛り上がり、すっかり仲良しな親子に戻れたそうです。

私はその女の子を小学生の頃から知っていましたが、もともとてもいい子なのです。お母さんはその後、スケバンの友だちも家に招待したそうですが、その子も本当にいい子だったそうです。家庭が崩壊しているから、やたらとつっぱって生きているだけで、葛藤がある分、ふつうの子よりよほど強くて大人だったそうです。

不良というのは、荒れている間はまさに「取り扱い注意」の状態で、まともに向き合うのは骨が折れます。自己中心的だし、偉そうな態度もとる。しかし結局彼らがほしいのは愛情で、もっと注目して構ってほしいだけなのです。

不良は、内面の「毒」を外に向けて発信している点でわかりやすいし、救いやすい子たちです。

それに面白いもので、不良というのは、とことんやり切ってしまうと案外ちゃんとした大人になるようです。みごとに「メシが食える大人」「モテて魅力ある大人」になっている「元ヤンキー」も多いです。彼らにはどこか突き抜けたようなさわやかさがあります。それに「元ヤンキー」のパパやママは、けっこう子煩悩。自分がさんざん暴れてきた分だけ、やんちゃな子を受け入れる度量があるのだと思います。

「困った男子」急増中

●お母さんとお風呂に入る男子中学生たち

ある雑誌記者に、あまりにも衝撃的な話を聞いたのは、数か月前のことでした。その話とは、とある私立の進学校の実話です。名前は出せませんが、東大合格者も多い、有名な男子校です。

中学一年のあるクラスで、ある日、先生が生徒たちにこう言ったそうです。

「みんな目をつぶってくれ。今日は正直なところを聞きたいんだ。この中で、今でもお母さんとお風呂に入っている人は手を挙げて」

するとどうでしょう、実に七割もの生徒が手を挙げたのだそうです。クラスの七割がお母さんとお風呂……信じがたい話ではないでしょうか。

私が講演でこの話をしたら、「生徒たちはきっと嘘をついて先生をからかったんですよ」と言ったお母さんがいました。しかしそのお母さんがのちに周囲に聞いたところ、そういう親子はざらにいることがわかったそうです。

中学生、高校生になっても母親と入浴している男子がいるという事実は、私も前から知っていました。不登校やひきこもりのカウンセリングをする中で、そういう親子に何度も会ってきたからです。

初めて接した事例は、ある不登校の高二の男子でした。母親にちやほやされ、何でもやってもらいながら育ってきた子でした。そのお母さんがカウンセリングの最中にこう言ったのです。「それでね、先日息子がお風呂でこんなことを言うんです」。「えっ？　お母さん、今、何て？」。私は聞き間違いであったことを願いながら聞き返しました。しかし返事は「だからね、お風呂で息子が言ったんです」でした。「まさか一緒にお風呂に入っているわけじゃないですよね？」となおも聞く私に、そのお母さんは「入っていますよ」とケロリ。「それがどうかしましたか？」といった調子で、まったく変だとは思っていないようなのです。

考えてもみてください。十代の男子と言えば、体毛も濃くなり、性的な反応もする。背丈だってお母さんと同じくらいか高いことが多いでしょう。そんな息子と母親が、性的なムードもなく一緒にお風呂に入っているなんて、少なくともふつうの感覚ではありえないことではないでしょうか。

しかしそのお母さんは「ちっとも変じゃないですよ。うちはずっとそうですから」と笑って言うのです。

いえいえ、変です。「ずっとそう」ではいけなかったのです。息子が思春期に入ったら、早々に子離れしなければならなかったのです。

本人も本人です。男の子なら、小三か小四ぐらいには、もうお母さんとのお風呂なんていやになると思うのですが。

この親子に限らず、親離れ、子離れすべき時期にしなかったために、もはやきっかけをつかめず、もう離れる気もないような、大きな息子と母親のペアを最近特によく目にします。なぜかと考えたときに思い当たったのは、「中学受験」でした。

中学受験の準備期は、早ければ小三ぐらいから、小六にかけてです。ちょうどまさに、親離れ、子離れすべき時期と重なります。その時期に、離れるどころか母と息子が一心同体となり、「ほかのことは何も考えないで合格を目指そうね」と誓い合うのが中学受験の世界。特に有名私立男子校の受験組となると、母親の入れ込みようは半端ではなくなります。

中学受験を全否定したいのではありません。中学入学と同時に練習の厳しい運動部に入って「もう話もしてくれませんよ」と母が嘆くくらい、健やかに切り替えられた例もたくさんあります。ただ、母親として、その落とし穴は知っておいてほしいと思います。

●「二次元の恋人」しか愛せない男子大学生たち

また、こんな話も聞きました。

ある特集記事の企画で、有名私立男子校出身の東大理系二年生、でも「彼女いない歴が年齢と一緒」という男子たちを集めて、一人ずつインタビューを行なったそうです。みんなタレントになれるのではと思うくらい、見た目もかっこよかったそうです。

モテていいはずの条件がそろっているのに、彼女いない歴二十年。つまり生まれてから一度も女の子とつき合ったことがないのはどうしてか。インタビューを進めるうちにわかったのは、彼らには「二次元の恋人」がいて、それで十分満足しているという事実でした。

東大進学者を多く出している一部の有名私立男子校では、今、「疑似恋愛のゲーム」を後輩に渡して卒業していくのが伝統になっているそうです。彼らはそれを現実の恋人のように愛し、「おれの彼女かわいいだろう」などと見せ合って喜んでいるそうです。

インタビュアーは「でも、生身の女の子と手をつないでデートしたほうが幸せなんじゃない?」と聞いてみたそうです。すると一同、「ええーっ!」という反応。

彼らの言い分はこうだそうです。約束の時間を決め、待ち合わせして、デートして、それを二、三回やってからようやく家に連れてきて、さらに段取りを踏んで、チューだの何だのやるぐらいなら、インターネットの画面を見ながら五分のほうが早いじゃないですか。それまでの時間、無駄じゃないですか――。

そんなことを、日本のエリートたる東大生が真剣に語っていたのだそうです。私は、新種の男たちが着々と育っているのを感じ、背筋が寒くなりました。

性的欲求の解消だけが目的なら、ネットで五分でもいいのかもしれません。でも、そこに至るまでのプロセス、つまり好きな女の子に勇気を出して告白し、緊張しながらデートして、でもフラれそうになったり、けんかしたり、やっとの思いでキスしたりということの中にこそ人生があるし、青春の思い出になるのではないでしょうか。

インターネット。それが世界中の情報を得やすくした功績は認めますが、その反面、これこそが日本の男子たちから「毒」を失わせた元凶だと私は分析しています。

私が十代の頃は、エロい雑誌がなかなか手に入りませんでした。友だちの一人がどこかからエロ雑誌を拾ってくると、みんなで真剣に回し読みしたものです。しかし今や、小学生でも、かなりきわどい画像や動画をふつうに見ることができてしまう。エロが手に入りやすくなりすぎて、感覚がマヒしてしまうのではと思うほどです。だから「生身の女の子はいらない」となるのでしょう。わがままだし、面倒だし、と。

思春期の男子の「毒」や葛藤のもとにあるものとして、そういう「見たくて見たくてたまらない」性的欲求も大きいのです。かつてはその爆発的なエネルギーをもとに、恋に真剣になったものだし、別のかたち、たとえば社会の矛盾への怒りなどに昇華して、表現したりもした。そこにそれぞれの青春ドラマがあったのです。

ところが今は、見たいと望んだものが次の瞬間に見られます。もやもやしても五分で発散できてしまいます。もはやしたいことも欲しいものもありません。いつだって心は穏やか。だから、「いい子」でいられてしまうのです。

そのことのどこがいけないのか、と思うかもしれません。しかし問題は、あとからやって来ます。

結婚で苦労する高学歴な男性たち

●お見合い中に「あなたは合格です！」

ネットで五分で性的な欲求を解消できるようになった男子たち。その一番の問題は、やはり生身の女の子とどう交際したらいいのか、まったくわからないということです。学生時代までは「二次元の彼女」さえいればいいのかもしれません。しかし彼らも、社会に出れば結婚を考え始めます。

しかし、経験を積んでいないものだから、なかなか女性をデートに誘えません。うまく誘えても、ほどなくフラれてしまいます。

先ほどの東大生たちも、かっこいいし高学歴ですから、近づいてくる女の子は一応いて、デートをすることもあるそうです。しかし一度でフラれてしまうのだとか。なぜなら、つまらないからです。モテようと努力したことのない男子は、デートのときに気遣いもないし、話題も乏しい。それで早々に愛想をつかされるのです。

そこで彼らは、妙齢になると「婚活」の市場に乗り出します。恋愛経験ゼロの男子たちが婚活市場に参入すると……そこにはさまざまな悲喜劇が生まれるようです。

知人の女性に聞いた話です。あるとき、婚活中だった彼女は、超高学歴、会社も一流企業、見た目もかっこいい、三十そこそこのサラリーマンとお見合いをしたそうです。向き合って食事をしていた最中のこと。その男性がだしぬけに言ったそうです。

「あなたは合格です！」

は？　何のこと？　彼女があっけにとられていると、「お箸の持ち方も正しいし、姿勢もいい、話題も豊富。うん、ぼく的には合格だ」と、合格の理由を明細までつけて語り出したと言うのです。まるで生徒をほめる先生のような表情で。

どうでしょう、この感覚。初対面の女性を、面接官のように点数化し、しかも本人に直接それを伝えてしまう。とても生身の女性とつき合ったことのある男性のやることではありません。いえ、人間関係の基本すらわかっていない感じです。

「合格です！」と言えば、相手が喜ぶと思ったのでしょうか。「ええっ？　私なんかでいいんですか？」と感激されると思ったのでしょうか。

このように、私が教育的目標にしている「モテて魅力ある大人に子どもを育てる」ところから現状がどんどん離れていっているのを痛感したエピソードでした。

達成体験を積ませよう

●何があっても乗り越えられる自信の源泉

自分でメシが食えない、異性とまともにコミュニケーションがとれない「困った大人」が続々と育ってきている日本の現状。これは本当に何とかしなければなりません。子どもを「困った大人」にせず、たくましく自立した子に育てるためにはどうしたらいいのでしょうか。

その大きな鍵を握っているのが、「達成体験」を積ませることです。

達成感を味わったことがあるかどうかは、子どものその後の人生に非常に大きな影響を及ぼします。私は社員の採用試験において、「思春期に何らかの達成体験をしているかどうか」を判定の基準にしているくらい、このことを重要視しています。

達成体験には、大きく分けて二つの意味があります。

一つは、何か目標を達成すること。たとえばスポーツで全国大会に出る、バイオリンコンクールで優勝するなど、努力して高みに到達するという体験です。苦しい時期もあったけど、やり遂げた。やめたくなった時期もあったけど、やり通した。これは大きな自信となってその子の一生を支えます。

もう一つは、何らかの苦しみを乗り越えること。マイナスを、自分の力でプラスに変える経験で、こちらは「克服体験」と呼んでもいいでしょう。たとえば、いじめを乗り越える、病気やけがに耐え抜く、つらい失恋から立ち直るなどの体験です。

どちらにせよ、達成体験をちゃんと積んできた子は、大人になっても男女を問わず、仕事をしっかりとこなします。「自分には向いていませんでした」などと言って、一か月で辞めていったりしません。

どんな仕事も甘くありません。一人前になるには必ず時間がかかりますし、理不尽な仕事相手もいます。細かいトラブルは絶えませんし、連日残業となる時期もあります。しかし達成体験のある人には、人間としての強さと柔軟性があるので、どんな状況も乗り越えられるのです。

●わが子に一つでも多くの達成体験を

達成体験は、子どもの幼少期から積ませることができます。クラスのみんなから賞賛を浴びた。お母さんにめちゃくちゃほめられた。こういうちょっとした一場面が、子どもには生涯の誇りともなるのです。

思春期にはますます、達成体験が必要になります。子どもは多感なこの時期に、自己イメージを決定づけるものだからです。

私の大きな達成体験の一つは、すでに書いた、いじめを克服した小五のときの体験です。この体験のおかげでいじめに対する免役がついたので、中一のある時期、バレーボール部の友だちに仲間はずれにされたときは、「またか」としか思いませんでした。するとそのいじめは一週間で終わりました。私が動揺しなかったので、きっとつまらなかったのでしょう。いじめとはそんなものです。

もう一つの達成体験は、高校時代に野球部でがんばったことです。

達成体験は、得意な分野でしか得られないわけではありません。むしろ苦手に挑んでこそ達成体験は輝きます。だから私は若者たちに「苦手にこそ挑め」と言っています。そのほうが、もともと得意なものよりも「のびしろ」がうんと大きいので、挑戦のしがいがあって面白いのです。

私にとって、野球は決して得意なことではありませんでした。勉強面ではずっと優等生で来たけれど、スポーツは苦手だったのです。だから高校で野球部に入ったとき、中学の同級生たちは「信じられない」と言って驚きました。

初めのうちは練習がきつく、何度やめようと思ったかわかりません。でも、練習後に水飲み場で水を飲んでいると、先輩たちが愛情に満ちた言葉をかけてくれる。そのうれしさで、また明日もがんばろうと思えました。

そのうちに私が投げる球はものすごく速くなり、敵にヒットを打たせないようなリリーフピッチャーになりました。中学までの私には考えられなかったことです。そんな私を、あるときピッチャーの先輩が「信じられねえ、すげえ」とほめてくれました。県内でも屈指の右腕と言われた憧れの先輩にそう言われたときの高揚感を、今でも忘れることができません。今も私の自信を支えている達成体験です。

あなたの子どもにも、ぜひ達成体験をできるだけ多く積ませてください。子どもがやる気になっているチャレンジを阻止したり、つらい経験を手出し口出しで除去してあげたりするようなことは、どうかしませんように。

子どもというのは、達成体験を得ることで、また一段と自信に輝き、伸びていくのですから。

column

●思春期の子どもに与えていいもの、悪いもの

子どもが大きくなってくると、「そろそろこれは与えていい頃かしら。それともまだ早い?」と迷うものがいくつか出てきます。

たとえば勉強部屋。私が見る限り、早々に個室を与えて成功した例はあまりありません。小学生まではリビングで十分だと思います。パソコンも、家族共有のものをリビングに置いて使わせればいいでしょう。

お小遣いも、私は小学生にはなしでいいと思います。高学年からは少しあげてもかまいませんが、基本的には「ほしいものがあったら言いなさい」という対応で十分です。中学生になると、友だちと買い食いしたりするつき合いも大事なので、ある程度あげていいでしょう。

ゲームについては、私は基本的に「18禁」という考えです。多くの経験を味わうべき時期に、部屋にこもってゲームばかりしていては、成長が大きく阻害されます。ゲームはあまりにも中毒性が高いのです。実際ゲームがもとで人生を台なしにしていく子どもたちを、今までに山ほど見てきました。

第3章

お母さんの役割

お母さんは家庭の中心

●家庭の中のリーダーはお母さん

子どもにとってお母さんは、とてつもなく偉大な存在です。男の子にとっては女神ですし、女の子にとっては生き方のモデルです。子どもたちはみな、お母さんに「がんばったね」「すごいじゃない」と笑顔で言ってもらいたい一心で生きているのです。

一方のお父さんは、この章の扉のイラストにあるように、お母さんの大きさに比べれば、大変言いにくいことですが、点ほどの存在。あくまでもお母さんの子育てのサポーター役にすぎません。お父さんの最大の役割は、子どもにとって偉大な「お母さん像」がよきものであり続けるための応援隊になることです。

お父さんを対象にした講演でも、私はそのように話します。みなさん深くうなずきながら聞いています。父親として何をしたらいいのかわからなかったお父さんからは「ホッとした」という感想をいただいたこともあります。

そんな子どもも、思春期になるとお母さんを遠ざけ始めます。でも実は、相変わらずお母さんが大好きで、ほっとできる心の拠点にしているのです。何事もお母さんの笑顔見たさにがんばる点も変わりません。だから自信を失わずにいてください。

私の思春期もそうで、母には妙に素直になれず、つい乱暴な口を利いていました。中二の合唱コンクールの日も、見に来ると言った母に「絶対に来るな」と言ってしまいました。でも本当は来てほしかったものだから、母の姿が見えないことにへそを曲げてしまったのです。うちのクラスの優勝を見ていてほしかった……。

不機嫌な顔で帰宅した私に「何すねてんの、あんたが来るなって言ったんでしょう」と母。でも次の瞬間には笑顔になり「本当は行ったんだよ、おめでとう」と言ってくれたのです。「なんだよ、来るなって言っただろ」と口をとがらせながらも、心の中では「やったあ」とガッツポーズを決めている私でした。

大人になっても私のそういうところは変わりません。数年前、母の知り合いから「お母さんがあなたの活躍を喜んでいたよ」と聞いたときの、天にも昇るような嬉しさと言ったらありませんでした。

母にほめられると「イェーイ！」と舞い上がってしまう。この習性は止めようがありません。男というのは、生涯マザコンなのです。

母さえいれば子は育つ

●お母さんのご飯と笑顔が子どもを育む

子どもがお母さんの愛情を感じるもの。その一番は、やはり生命力の源である「ご飯」ではないでしょうか。おっぱいやミルクをくれるのもお母さんですし、子どもは生まれた直後から、生きていくエネルギーを与え続けてくれる人として、お母さんに絶大な信頼を寄せているのです。

子どもが大きくなってからも、これはずっと続きます。

毎日おいしいご飯を作ってくれる。朝早く起きてお弁当を作ってくれる。「お腹がすいた」と言うと、手早くおにぎりを作ってくれる。自分の大好物をちゃんと知っていてくれる。そういうことの積み重ねの中で、子どもはお母さんへの信頼感、ひいては人間に対する信頼感を育んでいくのです。

もう一つ、お母さんに大事なものは、笑顔です。

子どもはお母さんの笑顔が大好き。お母さんのニコニコ笑顔が見たい一心で、どんなこともがんばります。お母さんが幸せそうな笑顔で暮らしていれば、自分も幸せ。この世界は大丈夫だという安心感を覚えます。

反対に、お母さんがビクビク、イライラしながら暮らしていると、子どもも不安な気持ちになります。この世が安心できない場所に思え、おどおどした子どもになってしまいます。

そのくらい、特に幼少期の子どもにとって、お母さんの影響力は大きいのです。ですからお母さんは、できるだけ笑顔でいてください。そして何があっても動じず、でんと構えていてほしいものです。

子どもに何かちょっと問題が起きたときも、「大丈夫、大丈夫」と言って泰然自若としていること。すると子どもも「大丈夫だ」と思えます。

逆に、お母さんが何かにつけておろおろすると、その姿を見て子どもは「大変なことになっちゃった」と思います。お母さんの反応を見て問題の大きさを測るのが、子どもというものなのです。

●笑う母には福が来る

親子で、ときにはお腹を抱えて笑うことも大切です。

長年いろいろなお母さんたちを見てきて思うのは、ちょっとしたことでもコロコロ笑うお母さんがいる家庭には、幸せが寄ってくるということです。どんなことにもお母さんが面白さを見出せるセンスを持っていると、家じゅうが明るくなるのです。

お父さんや子どもが冗談を言ったりふざけたりしたときに、「何バカなこと言っているの!」「やめなさい、そんな品のないこと!」と冷たく言うお母さんと、「しょうがないわね」と言いながらもけらけら笑っているお母さんとでは、家庭の雰囲気が全然違うはずです。

遊び心のない狭量なお母さんのもとでは、トラブルや失敗を深刻に受けとめて落ち込んでしまう、委縮した子どもが育ってしまうでしょう。失敗を許さないようなムードが家庭にあるからです。お母さんにとがめられることを恐れて、失敗を隠す子どもになるかもしれません。勉強面でも、わからないこと、間違えたことを隠したり、ごまかしたりしてしまう。そうなると成績も伸び悩んでしまいます。

一方、どんなことでも面白がるセンスのある、遊び心に満ちたお母さんのもとでは、トラブルや失敗も笑いのネタに変えられる子どもが育ちます。そして何があっても明るくたくましく乗り越えていきます。

私の母も、今ふり返ると、何かにつけ「笑い」にあふれていた人でした。

小学生だったある日、私が帰宅すると、いつもは開いている家の鍵がなぜかかかっていて、中に入れませんでした。困りました。私はトイレに行きたかったのです。しかも大のほう。やむを得ず家の裏手でして、ふいたティッシュもそこに捨てました。

まもなく帰宅した母が私に言いました。「犬がうんこしとったよ」。

「ふうん」としらばっくれる私に、母はなおも一言、「今は犬もティッシュでお尻ふくとね」と言ったのです。うしろめたさのあった私は、このユーモラスな一言に救われましたし、この件がむしろ一生ものの笑い話になりました。

中学の頃に目覚まし時計が壊れたときもそうでした。ある朝、いつものけたたましい音ではなく、リン…リ、リリンと弱々しく鳴った目覚まし時計に、母は「あら、ずいぶんやさしい時計になったね」と言ったのです。その擬人化した言い方がおかしくて、お腹を抱えて笑ったのを覚えています。

いつも輝くお母さんでいるために

●お母さんの笑顔が消えそうな社会

お母さんがいつもニコニコ笑顔でいれば、子どもは必ず健やかないい子に育ちます。生徒たちを見ていても、「この子はすごくいい子だなあ」と思う子は、お母さんを見て納得。必ず大らかで穏やかなニコニコお母さんなのです。

お母さんの笑顔はとても大事。ところが今の社会は、お母さんの笑顔が失われがちな方向に進んでいます。ということは、子どもが健やかに成長していくことが難しくなっているということです。

なぜお母さんの笑顔が失われそうになっているのか。それは、繰り返し書いてきたように、今の社会で子育てをしているお母さんたちが、孤独だからです。

一番の頼りになるはずの夫は連日残業。夜遅く帰ってきても疲れているから、話をまともに聞いてもらえません。

それに今は核家族が基本です。昔のように大家族で暮らしているわけではないから、子育ては基本的に一人きりでやっています。

ご近所とのつながりも希薄なので、誰にも助けてもらえません。

そのような中でも、ママ友やご近所とのネットワークを作り、その中で上手にストレスを解消しながら子育てを楽しんでいるお母さんたちもいます。しかし今のお母さんたちは概して人間関係が苦手で、それができない人も大勢いるのです。

子育ての悩みを誰にも相談できず、一人で不安やイライラを募らせながら子育てをしているこのようなお母さんを、私は「孤母《こぼ》」と呼び、その増加は現代社会の深刻な問題だと思っています。閉鎖的な「家族カプセル」の中で、母親一人が子育てという大事業を背負い込んでいるのは、決して健全な状態ではありません。

私が生徒たちのお父さんを集めて「父親学級」を開いているのも、お父さんたちに、お母さんたちの孤独をわかってもらい、支えてもらいたいからです。

●ニコニコお母さんでいられる五つの秘訣

こうした「孤母」を救う道が、私は主に五つあると思っています。

一つが「夫」。これが一番の基本です。お父さんがどれだけ子育てを支えるかで、お母さんの心の安定度は大きく違ってきます。これについては第四章で書きましょう。

二つめが「実母」。私が知るニコニコお母さんには、実母が近くに住んでいるという人がとても多いです。それも自転車で二十分前後という、ほどよい距離に。

お姑さんが近所にいる場合も子育てを助けてはもらえますが、嫁姑特有のストレスも生じがち。その点、実母には愚痴まで聞いてもらえます。

ちょっとイライラすると実家に帰り、「聞いて、お母さん、ひどいんだよ」と、ひとしきりぶちまける。実のお母さんは、うんうんと、娘の話をあたたかく受けとめてくれます。そして娘が夫の悪口を言えば「あなたのお父さんもそうだったんだよ」などとなだめ、気持ちを軽くしてくれます。

同居となるとまた大変ですが、お互いのテリトリーを守りつつ、でも気が向いたら訪ねていけるような距離に実母がいる人は、かなりラッキーだと言えるでしょう。

三つめが「ママ友」。同じ年頃の子どもを育てるお母さん同士で仲間を作るのも、とてもいいことです。悩みがあっても「うちの子だけじゃないんだ」と安心できますし、夫に対する不満も、ママ友と共有したとたんに笑えて来たりします。

女性は共感能力が高いので、男性よりずっとコミュニケーションが得意です。子育ていう営みにも、共感し合えることがたくさんあります。ママ友とのつき合いには女性同士特有の面倒くささもあるようですが、ママ友の存在に救われることは多いので、人間関係が苦手な人も、「私に合う友だちはきっと見つかる」と信じ、ママ友の世界に飛び込んでいくといいでしょう。

四つめは「仕事」。子育てをしていると、子どものことだけで毎日が回っていきがちです。「あの子は漢字をもう書けるのに、どうしてうちはまだなの？」などと、よその子と比べて一喜一憂するような心情にもはまりやすくなります。

そこで行き詰まるより、仕事をしていたほうが健やかな気持ちでいられるなら、仕事をするのもいいでしょう。完全に切り替えができる場を持ち、そこで自分を認めてもらえている人にもニコニコお母さんが多いのです。

最後の五つめは「アイドル」。嵐や韓流、宝塚など、何か夢中になれる対象を追いかけるのも、絶好の気晴らしになります。

今、嵐はお母さん世代にも大変な人気です。日本のお母さんたちを元気づけているという功績で、表彰されてもいいと思うほどです。

賢い母は「いつもいない父親」をうまく立てる

●きょうだい間のバランスをとる

お母さんは家庭の中心的存在として、日々メンバーの一人ひとりに気を配っています。誰か元気をなくしていないか、体調を崩している人はいないか、最近みんなそろって食事をしていないのではないか。そういう細かい目配りをするのはお母さんの得意技なのです。

ただ、子どもが複数いる場合、お母さんは平等に扱っているつもりでも、気づかないうちに誰かがきょうだいに対して不公平感を募らせていることがあるので注意が必要です。

子どもはみなお母さんが大好きで、できればひとりじめしたいと思っています。だからちょっとした扱いの違いにも敏感に反応し、「お兄（姉）ちゃんばっかり」「弟（妹）ばっかり」「ぼく（私）なんてかわいくないんだ」と、すねてしまうのです。

特に多いのが、お姉ちゃんが弟に嫉妬するというパターンです。上が女の子で、下が男の子だと、お母さんは二人の育てやすさの違いに戸惑い、つい下にかかりきりになってしまうことが、多くの場合、その原因となっています。

　男の子を初めて持ったお母さんにとって、それはまさに未知の存在。やることなすこと、わけがわからない。そのくせやたらとかわいい。

　一方のお姉ちゃんは、もう大きいし同性だから、「自分でできるよね」「お母さんが大変なのはわかっているでしょ」と、つい後まわしにしてしまうのです。

　お母さんに決して悪気はなく、お姉ちゃんのことも相変わらずかわいいのです。お姉ちゃんを見ていないわけでもありません。ちゃんと見ていて「もう大丈夫」だと安心しているから、「自分でできるよね」と言っているのです。

　でもお姉ちゃんは面白くありません。もっと自分に目を向けてほしい、かわいがってほしいのです。「最近どうも娘が言うことを聞かなくて」とお母さんが相談に来るとき、それが原因だったということはかなり多いです。

　どんなに仲がいいきょうだいでも、内心ではひそかに母の愛をめぐっての社会的戦いをしているもの。お母さんは、きょうだい間のバランスへの配慮を忘れずにいましょう。

●いつもいないお父さんの存在感を盛り立てる

最近はどの家のお父さんも忙しく、なかなか早めには家に帰れません。平日はほとんど子どもと会えないお父さんもざらにいます。そこでどうしても影が薄くなりがちな、子どもの中の「お父さん像」。これを立派なものとして盛り立てていくのはお母さんの大事な役目です。

お母さんたちにお勧めしたいのは、「メシ一番法」です。たとえばファミレスでの注文は、必ずお父さんを最初にする。お父さんがいない夕飯の席でも、はじめにお父さんのご飯をお茶碗につぎ、ラップをかける。毎日それをくり返していると、子どもたちは、家族の中でのお父さんの位置を心に刻むようになります。

子どもがピアノを習いたい、中学受験のために塾に通いたいなどと言い出したときも、お母さんがすぐに返事をするのではなく、「じゃあお父さんに相談しましょう」「お父さんがいいって言ったらね」といった返し方をすることが大事です。

実質的決定権はお母さんが握っているにしても、「お父さんには事後承諾でいい」という態度をお母さんがとっていては、子どももお父さんを軽視するようになってしまいます。あくまでもこの家の最終決定権は父親にあると伝え続けてください。

子どもとの会話の中でも、「お父さんはすごいね、偉いよね」「お父さんに感謝しようね」といったことを、常に言っていてください。お母さんのそういう言葉は、子どもたちのお父さんに対する尊敬を高め、態度にも必ず表れます。「お母さんが、お父さんはすごいって言っていたよ」と言葉で伝えることもあるでしょう。それを聞いたお父さんは有頂天になり、俄然やる気を出してくれるはずです。

ところが実際には、お父さんの悪口を平気で子どもに聞かせているお母さんが多いのが残念です。「毎日遅くていやになるわね」「本当に仕事かしら」はまだ序の口。「お父さんみたいになっちゃだめよ」とまで言ってしまうお母さんもいます。これは絶対にいけません。**お父さんが威厳を失ってしまった家庭は、思春期の子どもたちにとって複雑な問題を抱えやすくなる一因になります。**

お母さんたちに知っていてほしいのは、男という生きものはプライドで生きているということです。毎日外で一生懸命、家族のためにがんばって働いている自分に、家族は感謝してくれている、尊敬していてくれる。そういうことが伝わっていれば、お父さんはいくらでもがんばれるのです。

母から娘への伝承こそ人類の主軸

●現実に生きていく力が強いのは女性

私は最近、親と子の関係の中でも、「母と娘」の関係が最も重要なのではないかとの思いを強くしています。母から娘へ、娘からそのまた娘へという流れこそが人間という種族の骨格で、男たちというのはその大きな枠組みに乗っかっているだけなのではないか。そんなふうに感じているのです。

男たちは、放っておくとすぐに絶滅に向かっていきます。食べものなど「別に食わなくてもいい」と思っていますし、相手を敵と見ると「おう、戦おうぜ」となる。「男のロマン」「度胸試し」などと称し、命知らずな冒険に挑むのも男性です。危険を好み、いかに危険に近づいたかで、男の世界では格が上がるのです。

幼い男の子の世界では、少しでも高いところから飛び降りた子がヒーローになったりしますが、大人になってもそれは変わりません。賭け事に大金をつぎ込み、負けてすっからかんになるほうが、小金を残すよりもかっこいいという、本当に女性から見たらわけがわからないところで戦っているのが男性たちなのです。

そこに女性たちがストッパーとして働いているから、人類は存続しているのではないでしょうか。「冒険もいいけど、現実的なこともしっかりやろうよ」「じゃあ子どもの教育はどうするの？」と釘を刺すのは決まって女性。生活に対する現実感が、女性は圧倒的に強いのです。いつも無意識に、食料をどう確保するかを考え、安心を手に入れたい思いで動いている。これこそが生物としての力だと思うのです。

ピンチに強いのも女性です。「もうこうなったらなったで、とにかくやっていくしかないじゃない！」と、新しい現実にさっさと移っていけます。理念にとらわれがちな男性から見ると、この切り替えの早さ、現実に立ち向かっていける強さは、みごとというほかありません。

そんな女性たちが、男性たちを現実につなぎとめ、かつ支えているというのが、人類の基本的なあり方。歴史をひもといてみても、源頼朝とか、坂本龍馬などの英雄には、必ず影で支えている強い女性の存在があります。

そういう女性の強さと知恵は、ぜひお母さんから娘にしっかり伝承していってください。母と娘がいい関係を築けると、その娘もいいお母さんになり、女性の知恵がさらに先の世代へ伝承されていきます。

●どこまでもこじれやすいのも母と娘

同性だから娘のことはよくわかっていると思いがちですが、その一方で、一度こじれるとどうしようもない意地の張り合いに陥っていきがちなのも母と娘です。それを大人になっても引きずっていると、今度は自分の子どもとの関係までうまくいかなくなります。生徒のお母さんたちを見ていても、自分の母親とうまくいっていない人は、やはり子育てがうまくいっていません。

いつもイライラしていて、すぐにキレては人の悪口を言っているお母さんがいました。私はもう何年もこのお母さんの相談に乗り、愚痴を聞かされてきました。彼女に必要なのは身近な相談相手なのではと思い、あるとき「実のお母さんはどこに住んでいますか？　イライラしたときに、聞いてもらいに行ってみては」と言ってみました。すると「いいえ、あの人に言ってもしょうがないです」とピシャリ。聞くと、実のお母さんは隣の市に住んでいるそうなのです。しかし思春期に関係をこじらせて以来、三十年間ずっと不仲で、孫の顔を見せに行くこともほとんどないのだとか。

きっかけは小学五年のときの出来事でした。「そろそろ台所を手伝いなさい」と言われ、台所に立ったものの、何をどうしたらいいかわからずモタモタしていた彼女に、お母さんが「あんたがいるとかえって邪魔だからあっちへ行って」と言ったのだそうです。それ以来「この女、許さない」と心を閉ざしてしまったのです。

もちろんこの一言だけでこじれたわけではありません。彼女の中には、その前から積み重なったお母さんへの恨みがあり、台所での出来事は引き金にすぎなかったのです。本当の原因は弟でした。いつも弟ばかりかわいがられているという思いがあったのです。大人になった今も、私に「あの人は弟しかかわいくないんです」と言い切っていました。

女性には、相手を一度見限ると、それで一巻の終わりにしてしまう傾向があります。彼女もお母さんを「許せない人」として封印してしまったのでしょう。

実母との不仲はわが子にもいい影響を与えませんし、今の状態を続けるのは彼女自身も苦しいはずです。ここは一つ、お母さんを許して楽になってほしいものです。お母さんだって懸命に子育てをしていたのだし、彼女もまったく愛されていなかったはずはないのですから。

娘にとってお母さんは「生き方のモデル」

●無意識にお母さんを真似ている

女の子にとってのお母さんを一言で言うと、「生き方のモデル」です。女性としてのこれからの人生をイメージするにあたって、自分のお母さんを一番の見本にしているのです。いい意味でも悪い意味でも、母親というのは娘が人生で出会う最初のモデル、かつ最大のモデルとして、相当な影響力を持っています。

このことは、きっとお母さん自身もよくわかっているでしょう。自分にとっての母親がそうだったはずですから。

「母のようになりたくて」と、その生き方をなぞっている人はけっこういます。あるいは逆に「母のようにだけはなりたくなかった」と、自分の母親とは対照的な生き方をしている人も少なくありません。

たとえば母親がいつも仕事で忙しく、寂しい思いをして育った女性は、しばしば専業主婦の道を選びます。反対に、母親が専業主婦でいつも鬱々とした愚痴を聞かされていた女性が、「ああはなりたくない。結婚しても、自分の世界を外に持たなければ」と思い、ワーキングマザーになることも。

いずれにしても、母親の生き方を基準としている点では同じです。女の子は、かなり幼い頃から母親をモデルとして見ているのです。だいたい十歳ぐらいまでには、母親の人物像をほぼすべて見切っていると言っていいでしょう。

お母さんの口調をそっくり真似るのも女の子の面白さです。女の子たちのおままごとの会話を聞いていると、「ちゃんと手を洗ったの？」「パパったら遅いわねえ。先に寝ましょう」なんて話している。「きっと家でお母さんが言っているんだろうなあ」と微笑ましい気持ちになります。

小学生の女の子が、男の子に「ぐずぐずしていちゃだめでしょ！」と叱っているのもよく見ます。そんな娘をお母さんが見ると、「あら、私の言い方だわ」と恥ずかしくなったり、笑ってしまったりするようです。

でも、自分自身もいまだに母親の影を引きずっていることに気づき、ドキッとすることもあるようです。自分が子どものときに母親にされていやだったこと、将来母親になったら絶対にしないと決めていたことを、気がつけばわが子にそのままやっていたという話はよく聞きます。

それだけ女の子は、相当な集中力でお母さんを見つめ続けているのでしょう。「お母さんとはこういうもの」というイメージを、催眠術にも近いかたちで、自分の心の奥深くに写しとっているのではないでしょうか。

●お互い様だからわかり合える

男の子にそういう視点はまるでありません。お母さんはあくまでも女神です。

幼いときにお父さんを見て「こんなお父さんになりたい」などと思う男の子もまずいません。お父さんは単に遊んでくれる相手。父親のようになりたい、あるいはなりたくないということを考え始めるのは十歳以降で、それまでは、「今日も戦いごっこをしてくれたらうれしいな」などと思うだけです。

しかし女の子は最初から、家庭、生活、母といった現実的なイメージを、自分の将来に描いています。ですからお母さんは、ぜひ娘が幼いときから、母親として一生懸命にやっている姿を見せていてください。

お母さんにとって女の子は、男の子に比べるとずっと育てやすいはずです。同じ女同士、基本的な感覚を共有しているからです。

女性に特有の、感情に揺さぶられやすいところや、意地悪もするけど裏には愛着があるというところも、お互い様だからわかり合えます。

女性同士ぶつかり合うことや、ついきつい一言を放ってしまうことも多いけれど、「女は強い」とわかっているので、「このくらいなら言っても大丈夫かな」という加減もわかります。男の子だとそうはいきません。「なんでそんなことするの?」「えっ、私のあの言葉でこんなに落ち込んじゃったの?」という驚きの連続です。

そういう意味で、女の子の子育てには安心感、信頼感があるものです。

お母さんと娘の信頼関係は、思春期以降、より重要になってきます。

女の子は自我の目覚めが早いので、いい関係を続けるポイントは、早々に子ども扱いをやめることです。

これまでの「しつけをする、される」というハードな上下関係から、たまたま先に生まれた先輩OLと、後輩の新人OLのようなソフトな上下関係に、上手に切り替えていくといいでしょう。

娘に伝えたい、恋の話、性の話

●ようこそ、大人の女性の世界へ

お母さんと娘がＯＬの先輩、後輩のような関係に切り替えていくのは、私の言う「子離れ宣言」以降です。

「子離れ宣言」とは、プロローグですでに書いたように、小学五年生の四月一日になったら「もうあなたを大人として扱います」と宣言することですが、これはお母さんと娘の関係において特に有効なのです。

たとえばこんなふうに宣言します。

「今日からあなたはもう大人。だから今までのお母さんとあなたの関係を全部変えていくから、そのつもりでいてね。宿題をやったかとか、もういちいち確認しないから、自分でちゃんとやるのよ。その代わりお母さんは、生きていく上で大事なことを、すべて本音で伝えていくつもりです」

これは、娘をいきなり突き放すための宣言ではありません。むしろ「あなたを女同士の世界へ迎え入れますよ」「大人の女性の世界へようこそ」という歓迎の言葉なのです。

この宣言以降、お母さんは自分から胸襟を開き、女性として歩んできた道、そこで得た教訓、その上での娘へのアドバイスを話していってください。思春期の娘は「本当のこと」を知りたくてたまらないので真剣に聞き入りますし、「お母さんってここまで話せる人なんだ」と感じ、自分からもいろいろ話してくるでしょう。もちろん思春期には秘密が多いので、何もかも話したりはしませんが、かなりの部分を共有してくるはずです。すると、お父さんや男のきょうだいには入り込めないほどの、ゆるぎない信頼関係が築かれます。

母から娘に伝えたい話は、恋の話、おしゃれの話、性の話、結婚の現実や心得などです。もちろん小五の四月一日にいきなり全部を話す必要はありません。まずは体の変化など、早めに伝えておきたい知識から始め、段階を踏んで少しずつ深い話に進んでいくといいでしょう。

とは言え、最近の小五は母親が話す前からすでにいろいろなことを知っているようです。特に性については母親顔負けの知識を持った子も。ある生徒のお母さんも、

「かなりきわどい質問をされちゃって」と戸惑っていました。でも、しょせんこの時期の子どもたちは、聞きかじりの情報で頭でっかちになっているにすぎません。お母さんは、そこでひるまなくても大丈夫なのです。

●思春期の娘は大人の話を受けとめられる

娘に話すことのうち、絶対に欠かせないのが体にまつわることです。小五にもなればそろそろ生理も始まるし、体型も変わってきます。お母さんは自分がその年頃だったときの戸惑いを思い出しながら、どう受けとめ、どう対処していったらいいか教えてあげてください。

恋愛の手ほどきも、ぜひしてあげてください。つき合うとはどういうことか、好きな人ができたらどうしたらいいのかなどは、思春期の女の子の最大の関心事です。お母さんは「最近の子は進んでいるから」「私のときは今とは時代が違ったから」などと気おくれせず、自信を持って自分の恋愛経験を話してください。

ある人に夢中になったけど片思いに終わったこと。別のある人とつき合ったときは、はじめは優しさに惹かれたけれど、優柔不断さがいやで結局別れたこと。大好きだった人とけんか別れしたときは、もう立ち直れないと思ったけれど、そのあとすぐにお父さんと出会って恋に落ちたんだよ、といった話。

「ここまで話すと娘はショックかしら」「こんな心情を話しても理解できるかしら」と迷うこともあるかもしれませんが、この時期の女の子は、男の子に比べてずっと早熟で、すでに何でも受けとめられる器を持っています。「お母さん、大変だったね」などと慰めてくれることさえあるでしょう。

お母さんが経験からつかんだ恋愛の極意や教訓も伝えていきましょう。

多くの異性とつき合って男性を見る目を養うことがとても大事だということ。失恋や別れの涙も女を磨いてくれること。「男は追いかけたい性だから、女は上手に追いかけられたふりをするべきよ」という話など。

つき合う相手にどこまで許すかという性の問題も、時機を見てよく話し合ってください。リアルな性教育ができる場としても、やはり家庭が一番なのです。基本的にはお母さん自身の基準にもとづいて伝えればいいと思いますが、「体や心を傷つけないように」ということはしっかり伝えておきたいものです。

結婚や出産、仕事のリアルも娘に話そう

●「お父さんを選んでよかった」と言えたら最高

思春期を迎えた娘には、結婚についてのリアルな話もしておきましょう。

これについても、お母さん自身の経験や哲学を話せばいいと思います。

たとえば、結婚相手には、年収や学歴などの条件よりも、思いやりがある人を選ぶべきだということ。ただそうは言っても、夢ばかり追っている男性とは暮らしていけないから、稼ぎも大事だし、何よりも「人間力」のある人を選ぶべきだということ。

結婚すれば恋愛感情は冷めるけれど、ともに暮らすうちに信頼をベースにした別の愛情が芽生えてくるんだよという話。

まだ若い娘は、「私は結婚なんてしないよ」「結婚なんてする必要あるの?」などと言ってきたりもするでしょう。そんなときも、「いろいろな生き方があるけど、お母さんは結婚してよかったよ」などと自分の実感を話せばいいと思います。

そして、「お母さんはいろいろな男性と出会ったけれど、最終的にはお父さんを選

んでよかった」と、娘に自信を持って伝えられたら最高です。

「お父さんはあの通り、困ったところもあるけれど、根は優しい人だからね」

「ちょっと見立て違いだったかしらと思うこともあるけど、完璧な夫婦なんていない。私たち夫婦も、ここまで続いているということは、案外いい相性なんだと思うよ」

そんな言葉に娘は喜ぶはずです。子どもというのは、両親の仲がいいと幸せを感じるものだからです。ですから、結婚して本当によかった、相手がお父さんでよかったと心から思っているなら、ちゃんと言葉で伝えてください。

ただし、夫婦がいがみ合ってばかりいるのに、嘘や見栄で「お母さんは幸せよ」と言っても、女の子には見透かされてしまいます。母親というのは娘に見栄を張りたがるものですが、女の子は幼い頃からシビアに現実を見る目を持っているので、両親が愛し合っているのかどうか本当のところも、ちゃんとわかっているのです。

両親がうまくいっていなければ、その現実をしっかり受けとめられるのも女の子。思春期にもなれば、離婚を考えているお母さんに「男なんていっぱいいるよ」と本気で励ます娘もいるようです。

だからお母さんは、成長した娘を信じて、本音だけを語ってください。

思春期からそういう話題をお母さんと共有できた娘は幸せ者です。私が知る限り、大人になってからいい夫をつかまえていますし、結婚生活も安定しています。現実をしっかり教わった分、異性に幻想を抱いたり、間違った相手との恋に溺れたりすることがないからでしょう。

●「仕事」も「家庭」を持つことも応援したい

子どもを産むことについても、お母さんの経験や哲学を話してあげてください。

女の子は早くから、子どもを産む性であることを意識しているものですが、子育てをしている親戚などが身近にいなければ、なかなかリアルなこととして想像できません。だから「私は子どもが苦手だから産まない」などと言ったりもします。

そこに自分を生んでくれたお母さんの体験談が生きてくるのです。

お母さんだって、子どもを産む前は赤ん坊の世話をしたことがなく、子どもは苦手だと思っていたこと。でも子どもを授かったと知ったときはすごく嬉しかったこと。赤ん坊を育てるのは大変だったけど、今思えばとても充実した日々だったこと。今では子どもが大好きで、産んでよかったと心から思っていること。

そんなふうに、自分の話をぜひ聞かせてください。

今の若い女の子たちを見ていると、家庭を持つことへの憧れを感じていながら、なんだか面倒くさそうだし、失うものも多いのではと、迷っている感じがします。そこにお母さんの「私はこれで幸せだよ」という迷いのない一言があると、ほっと安心するのではないかと思います。

仕事についても、たくさん話しましょう。

これからの時代は、女性もどんどん外に出て働くような社会になるから、一人でもちゃんと食べていける能力や技術は絶対に持っていたほうがいいよということ。そのための準備として、今からできることはしっかりやろうね、ということ。

お母さんの頃に比べたら、今は女性にも仕事の選択肢がかなり増えているし、理不尽な男女格差もなくなってきたこと。会社にもよるけれど、育児との両立もしやすくなっていることなども、ぜひ教えてあげてください。

家事を通して伝えたい「母としての幸せ」

●お母さんにとって料理は愛情を伝えるツール

お母さんから娘に伝えることとして、家事も大事なものの一つです。家事の方法を教えるだけでなく、そこに込めている思いや喜びも伝えてあげてください。

「家事は女性の仕事である」と言いたいわけではありません。私も休みの日には家事に励みますし、最近は外で働いている女性も多いので、男性もひととおりの家事ができなければいけない時代が来ていると思っています。

最近の若い女性たちが結婚したい男性の要件として、「料理ができること」が一位に挙がっているという話も聞きました。これからの夫婦は、上手に家事を分担しながら家庭をまわしていくのかもしれません。

ただ、同じ料理でも、男性と女性では、込めるものがまったく違うと思うのです。

男性は、たまに台所に立つと、妙に凝ったものを作りたがります。その料理にしか使わないような珍しいスパイスをしこたま買い込むようなこともします。私も独身のときは、だし用の昆布をわざわざ築地まで買いに行ったりしていました。

男性が料理をするときには、「とことん極めたい」という思いがあるのです。

女性は違います。女性にとって「食」は人とのコミュニケーション・ツールです。大勢でどこかに出かけると、必ず女性同士でお菓子を配り合っていますし、ママ同士のランチなども大好き。そして家族に対しては、「料理を通じて愛情を示したい、心を通わせたい」という気持ちを一番に持っているのです。

家族の体調を把握し、体によいメニューを考える。家族それぞれの好物が頭に入っていて、特別な日にはそのメニューを作って喜ばせる。お母さんはそんなふうに、家族の元気な姿や笑顔を見たい一心で、日々せっせと台所で手を動かしているのです。

主婦たちが旅行に出かけると、「上げ膳据え膳」が何よりありがたいと、みな口をそろえて言います。それくらい、日に二度三度の食事を毎日家族に用意し続けるのは大変な仕事なのです。

しかしそこにあるのは大変さだけでなく、喜びや充実感もきっとあるはず。そこのところを思春期の娘にもぜひ伝えてください。

●お母さんはイマジネーションの天才

お母さんたちに「どんなときに家族の幸せを感じますか？」という質問をしたとき、かなり多かったのが「洗濯物を干すとき」という答えでした。大きなパパのシャツから小さな子どものシャツまで、家族みんなの洗濯物を万国旗のように並べて干しているとき、何とも言えない幸福感を覚えるそうなのです。洗濯物を干す作業には、「ここがわが家のシマですよ」と、青空に向かって高らかに宣言するような爽快さがあるのかもしれません。

そういう幸せも、娘に教えてあげてください。言葉にするだけでなく、幸せそうに家事をする姿を見せ続けることがとても大事です。自分が母親からしてもらったことを子どもができたらしてあげたいと娘に思ってもらえたら最高です。

私が思うに、お母さんのすごさというのは、そうやって家族一人ひとりのことを思い描きながら家事を楽しめるところ。さらには家族が目の前にいないときも、ずっと「今頃お腹をすかせていないかな」「寒くないかな」などとイメージしていることです。これは男性には決してない能力で、ひたすら敬服するばかりです。

「花まる学習会」の一大イベントの「サマースクール」において、大自然の中で子どもたちを思いっきり遊ばせるのですが、ある年の夏休み前に、お母さんたちを集めて説明会を開いていたときのこと。この行事に込めている教育理念について私がスピーチしたあと、お母さんたちから質問を募りました。

そこで出てきた最初の質問は「長袖の上着を持たせたほうがいいですか?」でした。正直なところ、熱い思いを語ったばかりの私は、いささか拍子抜けしました。

しかしすぐに思いを改めたのです。「これこそがお母さんのすばらしさなのだ」と。お母さんは、子どもが寒い思いをしないか、風邪を引きやしないかが第一に気になるのです。抽象理念にとらわれていた私は、まさに目を覚まされる思いでした。

子どもは小さいうちから、そうやって心配してくれるお母さんから愛情を感じとっています。娘が思春期を迎えたら、そうやって心配し続けることも、お母さんの喜びなのだと伝えてあげてください。

「母としての幸せ」を伝えることができれば、お母さんから娘への伝承は大成功です。いつまでも仲のよい親子でいられますし、孫が生まれてからも、協力し合っていけるでしょう。

「子離れ」はお母さんにとって最大の難所

●早々に自分の人生を引き受けさせよう

目の前にいない間も、ずっと子どものことを思い続けているくらい、子どもを愛しているお母さんにとって、「子離れ」は難しい課題に違いありません。

妊娠してから十月十日、お腹の中で大切に育んだわが子。生後しばらくは、夜も昼もなく世話を焼き続けたわが子。ちょっとした成長にも手をたたいて喜び、悲しみには一緒に涙してきたわが子。

そんな愛おしい子が「そろそろ思春期だから」という理由で、いきなり距離を置くように言われても、なかなか難しいものかもしれません。しかも思春期から子どもの悩みは本格的になるのです。つい手を差し伸べたくもなるでしょう。

それでもやはり、思春期を機に、お母さんは上手に子離れしていかなければなりません。ここで子離れできるかどうかは、子どもの将来のみならず、親子関係の将来をも左右します。逆説的に聞こえそうですが、ここでしっかり親離れ、子離れができた親子のほうが、自立した大人同士、将来にわたっていい関係でいられるのです。

　宿題は済ませたのか、部活は楽しくやっているのか、体のことで悩みはないか。一つひとつが気になってしかたなくても、親離れしようとしている思春期の子どもに対し、母親は今までのように、自分から根掘り葉掘り聞いてはいけません。この時期の子どもには秘密にしたいことが山ほどあり、お母さんにも放っておいてほしいことが多いのです。それに、あまり心配されると一人前に扱ってもらえていない気がして、よりいっそう母親を遠ざけようとするかもしれません。

　親が子離れできないばかりか、子どものほうにも親離れする気がない場合は、さらに深刻です。いくつになってもお母さんがあれこれ心配してくれたり、世話を焼き続けてくれたりするのが当たり前という感覚を持った子どもは、自立できないまま、ともすると「困った大人」になってしまいます。

　子どもが思春期を迎えたら、早々に自分の人生を引き受けさせるように仕向けてください。「あなたがすることにはもう口出ししません。でもその責任はすべてあなたにあるのだから、何か起きても自分で解決しなさいね」という、毅然とした態度に徹することが大切です。

●「信じること」で子離れできる

子どもは成長するにつれ、外の世界で、つらいこと、大変なことをたくさん経験するようになります。それがふつうのことですし、つらいこと、大変なことも含めたたくさんの経験を積むことが、子どもを大きく成長させるのです。子どもが思春期になったときに、今までしてきた手出し口出しをやめなくてはならない理由は、子どもからそういった経験を取り上げてしまわないためです。

思春期の子どもの友だち関係に対する口出しも、決してしてはいけません。

「うちの子が、ちょっと心配な友だちとつき合い出してしまって……」という相談を、生徒のお母さんからよく受けます。不良とまでは行かなくても、あまり勉強しない子たちのグループにわが子が入ると、お母さんは心配でならなくなるようです。そこでお母さんは「つき合うなと言ったほうがいいですか?」と聞いてくるのですが、私は「母親が子どもの友だちを選ぶことはできません」「お母さんに口出しする余地はありませんよ」などと答えています。

なぜなら思春期以降、特に中学生になってから選ぶ友だちは、本人の人格ができあがってから選んでいる友だちだからです。それを否定されたら子どもの自尊心が傷ついてしまうでしょう。それにその友だちは、本人にとって今、親や家族以上に通じ合える相手なのかもしれません。「つき合うな」と言ってみるのはかまいませんが、おそらく猛反発されるだけでしょう。

心配でならなくても、子どもへの手出し口出しをやめなければならない——。思春期の子離れは、お母さんにとって、子育ての一番の難所なのかもしれません。しかし、どんなにつらくても乗り切るしかないのです。

この難所を乗り越えるために必要なものは、「信じること」です。

今までに培ってきた子どもとの信頼関係を信じる。

成長した子ども自身を信じる。

今までに注ぎ続けた自分の愛情が、この先何があっても子どもを必ずいい方向に導くであろうことを信じる。

そして今度は、自分自身の人生を充実させてくれるであろう子育て以外の世界に、「エイヤッ」と目を転じていくことが大切です。

column

●思春期の息子ｖｓお母さん

お母さんにとって男の子は、ひたすら理解に苦しむ存在です。幼い頃は「なんでこんなことするの！」とキレそうになることの連続ですし、思春期になると口数も減るので、いよいよわからなくなってしまいます。

そのくせ、純粋さがかわいくてたまらないのも男の子。だから思春期になってもお母さんはなかなか子離れできません。

しかし本文に書いているように、思春期の息子の成長は、お母さんにはほとんどサポートできません。むしろお母さんが離れることによって息子は成長していくので、潔くお父さんと「外の師匠」に任せることです。距離を置いても息子はお母さん思いですし、お母さんの笑顔見たさにがんばります。それまでに築いた絆も決して失われません。

思春期の息子に果たせるお母さんの唯一大きな役目は、生活リズムをきちんとさせることです。朝は何としても叩き起こすこと。生活リズムの崩れは習慣化しやすく、人生をも台無しにする危険性があるからです。

第4章

お父さんの役割

お父さんは家の外ではヒーロー

●うちの中と外では別人!?

「いつもテレビを見ながらごろごろしている人」

「日曜日の朝になかなか起きてこない人」

多くの子どもたちが、お父さんに対してそんなイメージを持っています。

毎日そばにいて、せっせと世話を焼いてくれるお母さんの偉大さに比べたら、お父さんは残念ながら、扉の絵のように、豆粒ほどの存在感しかないようです。

でもそれは、あくまでもお父さんの家での姿にすぎません。職場ではいきいきと仕事に励んでいるのを、子どもたちは知らないのです。

職場でのお父さんは、どんなヒーローよりも輝いています。連日の深夜残業など何のその。理不尽な上司や営業先に頭を下げるのもへっちゃら。そのエネルギーの源は何かと言うと、ほかでもない「家族」なのです。

男性は、結婚して、妻という守るべき存在ができると、俄然はりきって働き出すものです。その上、子どもが生まれると、身を粉にして働くことも厭わなくなります。「子どもの幸せのためなら何でもしよう」と、働き蜂のような心境になるのです。男性とはそういうものです。家族の笑顔を守るために外で戦い続けることが、「男のプライド」なのです。

ただ、家族に感謝されているということが感じられないと、そのプライドを保ち続けるのは難しくなります。

自分が家にいない間も、妻が子どもの前で自分を立ててくれている。子どもたちも自分を慕い、尊敬してくれている。そういう気配が感じられれば、お父さんはどこまでもがんばれますし、家族を裏切ろうなんて思いません。毎日毎日、満員電車で職場に向かい、家族のためにひたすら働きます。

お父さんとはそういうもの。そしてひと昔前までのお父さんは、家庭に必要な収入を稼ぐことで、役割は十分でした。

ところが近年、お父さんの役割が大きく変化してきています。家庭においてもこれまで以上の役割を果たさないことには、子育てが立ち行かなくなってきたのです。

いったいどんな役割を求められているのか、本章で書いていきましょう。

妻へのサポートが最大の役割

●妻の話を共感しながら聞く

世のお父さんたちには、「育児にどうかかわったらいいのかわからない」という悩みがあるようです。妻が子育てにかなり消耗しているのはわかるけれども、何をしたらいいのかわからない。へたに手を貸そうとすると、かえって足手まといになって叱られてしまう。そんなジレンマを多くのお父さんが抱えているのです。

家事や育児のこまごまとしたことに手を貸すことも大事。しかし、私がそれ以上にお父さんたちにがんばってほしいのは、お母さんの精神面をサポートすることです。

すでに書いたように、最近は多くのお母さんがたった一人で子育てに奮闘していま す。心細いし、イライラも募ります。人間関係が苦手なお母さんが増えているので、ママ友とのつき合いもストレスのもとになりがちです。

お母さんの心が健やかでいられるようサポートするという役割が、現代のお父さんたちに強く求められているのです。気持ちが安らいでいれば、お母さんはいつも笑顔でいられ、子どもにとっての「お母さん像」も常にいい状態を保てます。そのためにお父さんは自分がどうしたらいいのかを、かなり意識的にプロデュースしていく必要があるでしょう。

具体的にするべきこととして、私がお父さんたちに一番にお勧めしているのは「妻の話を共感しながら聞く」ということです。

しかし、お父さんからすれば、自分だって毎日仕事でヘトヘトになるまで頑張っているのに、仕事の終わった後や休日にする妻との話は結論がないから「またくだらない話をしている」「話の中身に意味がない」などと思ってしまって、聞き流したり、あるいはイライラして論破してしまうという声も講演のアンケートの声に寄せられています。

お父さんにとって、妻の話を聞くということは実はハードルの高い作業になってしまっているのが現状のようです。

ただ、どんなに忙しくて億劫に感じたとしてもやってほしい**「妻の話を共感しながら聞く三つのコツ」**があります。ぜひやるべきです。

妻の話を共感しながら聞く三つのコツ

★一つめは、妻の話を「そうだね」とうなずきながら聞く。

★二つめは、「今日はすごく大変だったの」と妻が言えば、「そう、すごく大変だったんだね。お疲れ様」とオウム返しする。（もしくは言い換えをする）

★三つめは、毎日「いつもがんばっているね。ありがとう」とねぎらう。

この三つがお父さんにできれば、お母さんたちもだいぶ癒されます。コミュニケーションが得意なお父さんからすれば、「こんな当たり前のことでいいの？」という声が上がってきそうですが、これだけでいいのです。

しかしたいていのお父さんは、こういうことが苦手です。父親学級でもまずは相づちを打つ練習をします。本人はやっているつもりでも顔がまったく動いていません。お母さんはただ、自分が毎日一人で大変な思いで育児をしていることをわかってほしい、共感してほしいだけなのに、お父さんは何か有益なアドバイスや解決策を言わなければと思っている。そこに大きなずれがあるのです。

●「妻へのサポート十か条」を作る

もう一つ、お父さんたちに感じるのは、妻の大変さを本当にはわかっていないのではないかということです。

家事や育児には休業日がなく、日曜日もお父さんのようにごろごろしているわけにはいきません。そのリアリティをわかっていないのです。

休みの日にごろごろしたいのはわかります。面倒な話は耳に入れたくないくらい疲れているのもわかります。それでもお父さんにはぜひ、妻の愚痴を聞き流さず、「大変だね」と共感し、ねぎらいの言葉をかけることを習慣にしてほしいのです。

お母さんたちに聞くと、どんなに疲れていても、夫からの「今日もお疲れ様」「最近疲れぎみじゃない？　たまには休んだらどう？」といった言葉があれば、それだけで元気が湧いてくるそうです。本当にちょっとした一言のようですが、あるのとないのとではだいぶ違うらしいのです。

男性たちは、こういう心がけを、たとえば部下の女性を使うノウハウとして学んだ場合は、わりと意識的に実践していけます。ところが妻に対してはそれができません。なぜなら男性には、結婚して気を許し合ったとたんに、妻を母親代わりにしてしまう傾向があるからです。自分を育ててくれたお母さんと同じように、妻も「黙っていてもわかってくれる」と、心のどこかで甘えているのです。

妻への愛が薄れているわけではないのでしょう。しかし妻へのケアを怠るため、妻は「子どもは愛しているようだけど、私への愛はなくなった」と思ってしまうのです。

反省はしていても、毎日のこととなるとついつい忘れてしまいがちだと思いますので、たとえば「妻へのサポート十か条」などと銘打ち、妻に対してどんな手助けができるかを、十項目ぐらい書き出してみるのもいいと思います。

・妻の話には、大げさなくらいうなずいて聞く
・妻に毎日、今日一日お疲れ様と言う
・食事のときに、「美味しいね」と言う
・日曜日は風呂掃除をする
・出張先でのお土産は欠かさない
・妻の髪型が変わったら、言葉にして褒める
・「そんな服あったんだ」「それ似合うね」など服装について一言言う

・妻の趣味（嵐や韓流や宝塚のファンであること）を応援する
・小さいことでも「ありがとう」を必ず言う
・ママ友との会話、おしゃべりタイムを歓迎する
・実のお母さんと話す時間を定期的につくってあげる
・子どもを預かって母を自由にする「休日」を提案する
・妻と二人だけの時間をつくる

など、できるだけ具体的に書くのがお勧めです。

その十か条は、壁に貼るなり手帳に貼るなりしておき、毎日できた項目をチェックしてみましょう。チェックの数に比例して、妻の笑顔の回数も増してくるはずです。たくさん行動をしようとするよりも続けられそうなものからまずは始めてください。

「遊び」はお父さんの得意技

●幼少期の子どもとは本気で遊ぼう

子育ての数ある営みの中に、お父さんのほうが向いている稀少な項目があります。それは「遊び」。体を動かして思いきり一緒に遊んであげることに関しては、お母さんよりお父さんのほうが圧倒的に得意です。男性は一般に体力もありますし、「遊び心」というものを女性より多く持っているからです。

男の子も女の子も、幼いうちはお父さんがとにかくいっぱい遊んであげましょう。ゴルフなんて、子どもが大きくなってからでもいくらでもできます。それに、人気の遊園地へ連れ出すまでもなく、近所の公園で十分なのです。

ただし公園に連れて行くだけではだめで、行った以上は、自分も本気で遊ばなければなりません。最近、子どもを遊ばせながら、自分はベンチでスマホなどをいじっているお父さんをよく見かけます。子どもが親と遊んでくれる期間なんて本当に短いものなのに、その間だけでも真剣に遊んでやれないお父さんを見ると、なんとも嘆かわしい思いがします。

「子どもと何をして遊んだらいいかわからない」というお父さんも増えています。小さい頃にあまり父親に遊んでもらえなかった人に多いようです。

そういう人こそ、意識的に子どもと遊ぶよう努力してください。幼いときに父親が本気で遊んでくれたかどうかは、その後の子どもの心の成長にも深い影響を与えるからです。**不登校やひきこもりになるのは、幼いときにお父さんに遊んでもらえなかった子に多いのです。**

何も特別な遊びをする必要はありません。誰でも知っている「鬼ごっこ」。これができれば十分です。

子どもは面白い生きものです。広い場所に来るとすぐに走り出すし、追いかけられたり、「用意ドン！」という声を聞いたりするだけで、嬉しそうに走り出します。男女を問わずとにかく走ることが大好きなので、鬼ごっこで十分なのです。

男の子なら怪獣ごっこもいいでしょう。やるからには、子どもが泣き出すくらい怖い怪獣になってください。最近はお父さんが忙しすぎるせいか、お母さんが怪獣ごっこの相手をしている光景も見ますが、優しくてきれいな怪獣は、男の子には少々物足りないでしょう。やはりお父さんが怪獣になりきって相手をすることです。

男の子というのは、「爆発」だの「死ぬ」だのと、極端に物騒な言葉を使って遊ぶのが大好きです。ドッカーン、うわーっ、ズドーンなどと、騒がしい限り。お母さんはつい眉をひそめてしまいますが、そういう生死ぎりぎりの縁にいる感じに、男の子はワクワクするのだから止めようがありません。

これを理解し、つき合ってあげられるのは、やっぱりお父さん。お父さんに本気で遊んでもらった男の子は、自分も将来、それができる父親になれます。

●子どもと遊べばお母さんも笑顔に

お父さんの趣味の世界に子どもを引き込むのも一つの方法です。

以前、鉄道ファンのお父さんと一緒に、普通電車だけを使って関東一周の旅をしてきた生徒がいました。先日、その彼と再会しましたが、とてもいい青年に育っており、「父との思い出と言えば鉄道です」と懐かしそうに話していました。

囲碁やトランプ、麻雀などの知的ゲームもお父さんの得意技です。男の子、女の子ともにいいでしょう。

「うちは女の子なので、どうやって遊んでやればいいのかわからない」と悩むお父さんもいますが、女の子は人と関わることが大好きなので、自分のほうから何かとお父さんに遊びをしかけてくるはずです。「お茶どうぞ」とおままごとのカップを運んで来たり、「にらめっこしようよ」と、ひざに乗って来たり。おしゃべりももちろん大好き。その遊びに気持ちよく乗ってあげていれば十分ではないでしょうか。

お父さんが子どもの遊びの相手をすることは、子どもだけでなく、お母さんをも喜ばせます。

お母さんは、子どもがお父さんとの遊びをどんなに好きかを知っています。だから休みの日に、お父さんが「遊びに行くぞ」と言って子どもを外に連れ出してくれることほど嬉しいことはありません。その間、自分もゆっくりくつろげますし、子育てに協力してもらえているという満足感も湧いてきます。

夕方にお父さんと子どもが帰ってきて、「今日は楽しかったよ」「パパがこんなことしてくれたんだよ」と報告するのを聞くのも、お母さんには幸せなひととき。そんなときにお母さんは、明日からまたがんばろうと思えるのです。

たまには「ガツン」と雷を落とす方法

●きちんと叱れるお父さんの子どもはよく育つ

最近のお父さんたちは、子どもを叱ることが苦手なようです。優しいお父さんが増え、ひと昔前の日本にはよくいた「サザエさん」の波平のような「雷おやじ」は、すっかり見かけなくなりました。子どもにとって父親は、もはや怖い存在ではなくなったのです。このことも、第一章に書いた、性差や性的役割があいまいになった今の社会と関係がありそうです。

かつての父親は、子どもたちの前に「越えられない壁」として立ちはだかる存在でした。ふだんは静かだけれど、本気で怒らせたらぶっ飛ばされるんじゃないかと思うほどの威厳がありました。だからこそ子どもたちは父親を敬い、従ったものです。

厳しく立ちはだかる父親の姿は、そのまま「社会の厳しさ」の体現ともなっていました。だから子どもたちは、成長して社会に出たあとも、さまざまな厳しさに耐えられたのです。そして父親という「壁」をいつか越えたいと、奮起したものでした。

子どもを理不尽に叱るのは、もちろんよくありません。しかし、叱るべきときにお父さんが「ガツン」と雷を落とすことは、私は今も必要だと思います。

最近のお父さんたちは、なぜ「ガツン」と叱れないのでしょう。

それは、優しさが強調される時代になって久しいからだと思います。理解のある親、友だちのような親が長年よしとされてきた影響は大きいでしょう。今のお父さんは、きっと自分自身があまり叱られてこなかったから、「きつく叱ったりして大丈夫なのかな」と迷うのではないでしょうか。

優しさがいけないわけではありません。しかし、叱られずに育つ子どもには、物事のけじめや、ストレスへの耐性がなかなか身につきません。きつく言われることに慣れないまま大人になると、職場の上司にちょっと叱られただけで凹んだり、議論の場で、意見が言えずに、ひたすら圧倒されるだけになったりしてしまいます。

叱れないお父さんの心には、子どもに嫌われたくないという気持ちもあるでしょう。「そんなに叱ると、子どものトラウマになるからやめて」と制するお母さんもいるようです。

しかし、ふだんからお父さんの愛情を感じ、信頼感がベースにある子どもは、叱られたくらいで嫌いになったりトラウマになったりしません。納得できる理由で叱られるのなら、「ガツン」と叱れるお父さんを、むしろ敬うはずです。

大きくなった生徒たちを見ていても、「子どもの頃、お父さんが怖かった」と言っている子のほうが、きちんとした大人に育っています。

●メリハリのある叱り方が大事

子どもを叱ることについては、夫婦間に役割分担があるのが理想です。

最近は、両親の叱り方がほとんど同じ家庭をよく見かけます。お父さんがお母さんと同じように、ガミガミ、クドクドとお小言を言ってしまうのです。これではあまり効果がありません。どんなときにどちらがどう叱るかを、一度、夫婦でよく打ち合わせをしておくといいでしょう。

日常のこまごまとしたことで、子どもにお小言を言うのはお母さん。それを「まあまあ」とセーブするのがお父さん。でもここぞというときにはお父さんが「ガツン」と雷を落とす。そういうメリハリをつけると効果的です。

子どもが男の子の場合は、お父さんにはもう一つの役割があります。**それはお母さ**

んに、叱るべきことと、そうでないことの区別を、整理してあげることです。

お母さんにとって、男の子はわからないことだらけ。特に上の子が女の子で、下が男の子だったりすると、「お姉ちゃんには話せばわかるのに、なんでこの子はわからないの！」とお母さんは悩み、ついガミガミと叱ってしまいます。男の子は危ないことが大好きだし、勝ち負けにひどくこだわるし、すぐにいじけてしまう。それがふつうなのですが、お母さんには理解できず、いちいち「危ないことしないで！」「なんでけんかばかりするの！」などと叱り飛ばしてしまうのです。

そこでお父さんが、お母さんに「いやいや、男の子はそういうものだよ」「叱るべきことでもないよ」と助言することが、特に幼児期にはとても大事です。

お母さんは、息子が誰かとけんかして、けがをして帰ってこようものなら、すぐに相手の親や幼稚園、学校に訴えて「事件化」しようとしがちです。そんなときもお父さんが、「男の子はそうやって戦いながら友だちを作っていくものなんだよ」とお母さんをなだめてください。お父さんがこの役割を果たさなければ、男の子はけんかもできないひ弱な子になってしまいます。

外で輝くかっこいい姿を見せよう

●仕事や趣味に燃えるお父さんを見せる

子どもに対し、親が本気で何かに取り組む姿を見せることはとても大切です。その姿を子どもは心に深く刻み、自分もがんばろうという思いを持つものです。

一番のお勧めは、お父さんもお母さんも、自分が職場で働く姿を、できれば小学校時代に一度でいいから子どもに見せる機会を持つことです。

自営業の人や、専業主婦なら、毎日一生懸命に仕事や家事をしている姿を子どもに見せられますが、そうでない人は意識してその機会を作らなければなりません。

今まではなかなかそういう機会を持ちにくかったのですが、最近は、外資系やベンチャー系、一部の日本の会社でも、社員の子どもたちを職場に招待して見学させるイベントを行なっているようで、とてもいいことだと感じています。今後もぜひそういう会社が増えていってほしいものです。

親が本気で趣味に取り組む姿、本気で遊ぶ姿も、子どもにどんどん見せてください。

「今、声をかけたら叱られるかな？」と思うくらい何かに集中している親の姿は、子どもにいい影響しか与えません。

特に大多数のお父さんは、最もくつろいで脱力している休日の姿しか子どもに見せられないので、ぜひ自分が輝いているときのかっこいい姿を見せ、「いつもテレビを見ながらごろごろしている人」というイメージの返上に努めてください。

ある生徒のお父さんは、トライアスロンを趣味でやっているそうで、「大会のときには必ず家族に応援に来てもらっています」と話していました。みんなでお父さんを応援することは家族の結束にもつながりますし、すばらしいことだと思います。

別のお父さんは、地域の祭りで毎年必ずおみこしを担いでいるそうです。おみこしも迫力満点ですから、かっこいいお父さんを見せるには絶好のチャンスですし、もちろん子どもも一緒におみこしを担げたら最高です。

地域のお祭りやイベントというのはたいていどこにでもありますし、最近は、薄れつつある地域社会の絆を復活させるためにも、意識的に盛り上げていこうという傾向があります。ぜひ参加して、はっぴ姿で額に汗する男らしい姿を見せてあげてください。お母さんもきっと、お父さんに惚れ直すに違いありません。

●男同士の絆を見せられる「おやじの会」

最近の幼稚園や小学校では、「おやじの会」なるお父さん同士のサークルが続々と生まれているようです。

内容や形態はそれぞれ違っているようですが、有志のお父さんたちが集まって、飲み会をしたり、バンドなど趣味の活動をしたり、家族ぐるみで楽しめるイベントを主催したりしているようです。

こういう会に参加しての活動も、子どもにお父さんのかっこいいところを見せるには絶好の機会です。特に男の子は、そこで「男同士のつき合い」の雰囲気を、肌で感じとることでしょう。

知人の子どもの幼稚園では、年に四、五回、週末の夜の園舎で「おやじの会」主催の宴会が開かれているそうです。その日はお父さんたちが、園庭で火を起こして料理を何品も作り、お母さんや子どもたちにふるまうのだとか。

お母さんたちは「今日は楽ちん」とばかりに、おしゃべりと食べることに興じ、子どもたちは大人のまわりでガチャガチャ遊んでいる。子どもにとってもこういう非日常的なイベントは楽しいものですし、お父さんたちの「本気で遊ぶ」「本気で料理する」意外な姿も、きっと心に刻んでいるはずです。

「おやじの会」は、お父さん同士の友だち作りにもぴったりな場です。と言うより、お父さんたちというのは、こういう機会をつかまない限り、なかなかつながりを作れない人たちなのです。

私の講演のときも、休憩時間の過ごし方が、男女ではみごとに対照的です。お母さんたちは、「どちらからいらしたんですか?」「うちも男の子なんですよ」などと言って、初対面でもすぐに打ち解け合っているのに対し、お父さんたちは、ほぼ全員が下を向き、ひたすら自分のスマホをいじっている。コミュニケーション能力に格段の差があるのです。

だからこそ、地域の集まりや「おやじの会」のようなきっかけは、上手につかんでほしいものです。

思春期の息子はお父さんしかあずかれない

●父から息子への伝承は日本が一番弱い部分

世界各地の優れた教育について、一度調べてみたことがありました。そこでわかったことは、成功している教育では、父親から息子への伝承がかなりしっかり行われているということでした。ユダヤ人の教育などはその代表です。父親が息子に、男としての生き方や、社会の厳しさをきちんと伝えているのです。

この点、日本の父子関係は非常に弱いと思います。男は社員として猛烈に働き、子どものことはすべて妻にまかせ、家族には背中を見せていればいいという時代が長かったせいだと思います。

日本が敗戦後の焼け野原から復興していった高度経済成長期のような時代には、父親が外で働き、母親は専業主婦として家を守るというあり方が適していたのでしょう。しかし今は、女性もどんどん外に出て働いています。それに、繰り返し書いてきたように、今は親戚や地域のつながりが希薄ですから、放っておくと母親一人が育児を抱え込むことになってしまいます。育児における父親の役割は、年々増すばかりなのです。

子育ての基本は「母さえいれば子は育つ」ですが、こと思春期以降の男の子に関しては、お父さんがあずかるのが一番です。日々の世話はこれまで通りお母さんがするにしても、心の成長は、同性であるお父さんがしっかりフォローしてください。お母さんには絶対にわからないことがたくさんあるからです。

しかし現実には、「この子のことは私が一番よくわかっています」とばかりに、思春期を過ぎた息子を一人で抱え込んでいるお母さんが多いのです。これではせっかく外に出ようとしている息子の「自我」の芽が摘まれてしまいますし、何よりも息子の中の「男」が育ちません。

何歳になっても「この子は私がいないと何もできないんですよ」と言って手出し口出しし続けてしまう。娘のことは「もう勝手にしなさい」と突き放せるのに、息子のことは、なぜか「だめな子ね」と言いながら抱きしめてしまう。そういう「息子から離れられないお母さん」は今とても多く、将来メシが食えない、異性とまともに関われないモテない「困った大人」が増えてきている一因になっている気がしてなりません。

母と息子の癒着関係には、お母さんの孤独という問題が深くかかわっています。お父さんは、そんなお母さんのケアも含め、息子が思春期になったら「自分の出番」と心してください。

基本的に男は弱い性です。「強くあれ」ということは、教えないと身につきません。それでいてプライドだけは高いので、プライドを上手に利用して耐えさせていくのが、男の子の育て方の基本。それができるのは、やはり同性であるお父さんなのです。

●「子離れ宣言」からはお父さんにバトンタッチ

息子の子育てを、母親から父親にバトンタッチするタイミングは、「子離れ宣言」をする小学五年の四月一日がいいでしょう。

お父さんだけで息子を呼び、「これからはお前を一人前の男として扱うから、何でもお父さんに相談しなさい」などと話してもいいですし、両親そろって息子を呼び、「お母さんは、今後はもうあなたに干渉しないと決めました」「これからは何かあったらお父さんに言いなさい。お父さんは何だって教えてやるぞ」などと、一緒に宣言するのもいいと思います。

「息子に教えられることなんて、何があるだろう」なんて心配しなくても大丈夫です。お父さん自身が男として生きてきた人生を、そのまま語ればいいのです。男性というのはつい見栄を張って格好つけたがるものですが、本当のことしか知りたくない思春期の息子に対してそれは逆効果です。「勉強しなさい」「男はこうあるべきだ」などという「べき論」をぶつ必要もありません。煙たがられるだけです。

息子が聞きたいのは、リアルな体験談です。「上から目線」の説教ではなく、試行錯誤しながら生きてきた、等身大の男としての父親の話が聞きたいのです。

「何か資格を持っておくべきだ」と伝えるにしても、いきなりそれを言うより、お父さんの体験談の後に続けたほうが効果的です。「お父さんのときは景気が良かったから就職もすぐ決まったけど、あとになって、何か資格を取得しておくべきだったと後悔したんだ。お前も何か資格を持っておくといいぞ」というふうに。こういう言い方なら、息子の耳にもスッと入っていくでしょう。

大学生になった生徒たちに聞いても、思春期に聞いた父親の体験談は、深く心に刻まれているようです。実話というのは素直に聞けるし、記憶にも残るのです。

息子と二人でキャンプや旅行に行こう

●向き合って語るしかない状況を作る

思春期の息子と父親の語り合いはとても大事ですが、男性というのは、基本的におしゃべりではありません。性格にもよるものの、母と娘の組み合わせに比べたら、会話量が圧倒的に少ないものです。

まして思春期の息子は、それまでおしゃべりだった子でも口数がぐんと減ります。外で友だちとはしゃべっていても、家では寡黙になるのです。

お父さんはお父さんで、自分の体験談を話せと言われても、どうしたらいいかわからなくなるようです。仕事について話すときは多弁でも、自分自身のことを話すのは苦手なのが多くの男性なのです。

そこで父と息子の会話は、「どうだ、学校は?」「別に」と、あっけなく終わってしまうことに。男同士ですから、おしゃべりで盛り上がる必要もないと思いますが、ここは一つ、年長のお父さんががんばって、会話が続くよう工夫してください。

それにはまず、場所の設定がポイントとなります。
私がお勧めしているのは、息子を一泊か二泊のキャンプに連れ出し、大自然の中で人生を語り合うことです。出かけている間、お母さんは家でゆっくり休めますから、まさに一石二鳥です。

家にいたのでは、正面から向き合っての対話になかなか入っていけません。テレビやゲームがあるので、「おい、ちょっと話をしよう」と声をかけても「これが終わるまで待って」となり、なかなか話を始められないのです。文明の利器から離れ、一対一でたき火を囲めば、お互いに語り合うしかなくなります。

二人きりになったときのために、息子が乗ってくるような話題をあらかじめ用意しておくことも大切です。お父さんの若い頃の話には、息子の世代にはわからない言葉もたくさん出てくるはず。わからないことだらけだと、息子はだんだん退屈してきてしまいます。

そこで話の端々に、若い世代にもわかるたとえを入れていく工夫が必要になります。
「お父さんにとって王選手は、おまえにとってのイチローと同じくらいヒーローだったんだぞ」

「お父さんが最初に好きになった女の子は、ＡＫＢの○○○○によく似たかわいい子だったんだ」

というふうに。すると息子にも話がいきいきと伝わり、「へーっ、そうなんだ」と興味を持ってくるでしょう。

男同士、本音で語り合おうと思えばいくらでもネタは尽きないはずなので、お父さんのほうからいろいろ仕掛けてみてください。

●絆を深める「父と息子の修学旅行」

お父さんと息子で旅行に出かけるのもお勧めです。それも、楽しいだけではなく、人生や社会について深々と考えさせられるような旅先を選んで行くのがいいでしょう。いわば「父と息子の修学旅行」です。

たとえば、戦時中に特攻隊の出撃地だった鹿児島県の知覧や、世界初の原爆が投下された広島などはお勧めです。

こうした戦跡を一緒に訪ねて、一つの同じテーマについて考え、議論したり、感想を言い合ったりする時間を持つのです。

ある小六の生徒のお父さんは、私の勧めを受けて、知覧へ「父と息子の修学旅行」に出かけました。特攻隊の歴史を伝える「知覧特攻平和会館」では、親子ともども非常に衝撃を受けたそうです。特に、まだ二十歳ほどの若い兵士たちが出撃前夜に母親に宛てて書いた手紙には言葉さえ失い、帰りの電車に乗ってからも、二人ともいつまでも黙りこくったままだったそうです。

お父さんにとっては、男同士、二人でただ黙って電車に揺られていたその時間が、何とも言えずいいものだったようです。心にある思いはきっと一つ。父と息子の距離もぐっと縮まったように感じたのでしょう。

安易に「かわいそうだね」などという言葉にして、まとめたりせず葛藤は葛藤として黙ってすごした二人の時間。きっとその子にとっては一生忘れられない貴重な「父との思い出」になったはずです。

父親だからと言って、「息子に何か教えなければ」と気負う必要はありません。この親子のように、同じ対象にともに心を動かすという経験が、絆を深め、いつまでも残る思い出となるのです。

自分の言葉で、生きた哲学を伝えていこう

●働くとはどういうことかを教える

男の子は思春期になると、哲学し始めます。自分の将来とも重ねながら、「そもそも家族って必要？」「働くってどういうこと？」など、人生のさまざまな営みに哲学的な目を向け始めるのです。同じ年頃の友だちと議論に熱中したりもします。

お父さんには、親子間でもそういう哲学問答ができるよう、ぜひきっかけを作ってほしいと思います。人生にまつわることばかりでなく、政治や経済、国際問題について語り合うのもいいでしょう。日本人は弱いとされている論理的に話す力を、お父さんが会話の中で鍛えてください。

社会で仕事をしていくことの現実も、息子に伝えてください。お父さんが具体的にどんな仕事をしているのかも教えたいですし、「今日、こんな嫌な客がいてさあ、お父さん、すごく大変だったんだよ。でも仕事ってそんなものだぞ」といった、実感のこもった言葉も聞かせたいものです。

思春期を迎えた息子は、同性であるお父さんに対し、批判的な目も向け始めます。「偉そうなことを言ったって、会社にこき使われているだけの人生じゃん」などと、その人に養ってもらっている自分を棚に上げて思ってしまう時期なのです。

ただそれは、お父さんを「生き方のモデル」として見始めたことの表れでもあります。お父さんから、働くことの現実を教わりたいとも思っているのです。

そんな息子を、職場に連れて行くのもいいでしょう。すでに書いたように、仕事をしている父親の姿を見せるのは、思春期の子どもにはとても効果的です。

仕事関係の人たちとのプライベートな交流場に連れて行くのもお勧めです。そういう場に行くと、息子は子どもながらに、父親の職場の人間模様を感じとります。「お父さんも上司にはぺこぺこしている」「でも部下には偉そうな態度だ」などと観察するかもしれません。そこでお父さんを軽蔑するかと言えば、そんなことはないと思います。かえって「お父さんは大変な思いをして、家族のためにがんばってくれているんだな」と、感謝の思いを新たにするのではないでしょうか。

若者はよく、世のサラリーマンをバカにします。電車でヨレヨレになって眠りこけている姿ぐらいしか知らないからです。私も若い頃は、「サラリーマンにだけはなりたくない」などと言い放つ、完全な「勘違い野郎」でした。

ところがあるとき、テレビでビートたけしさんが言うのを聞いたのです。

「サラリーマンになりたくないというバカが多いけど、おまえらになれるのか」と。

これを聞いた瞬間、ハッと目が覚め「俺が間違っていた」と反省しました。

サラリーマンというのは本当に大変で、中途半端な人間に務まるものではないのです。サラリーマンのお父さんは、そんな大変な稼業に励んでいる自分のかっこよさを、ぜひ息子に見せてあげてください。

●家族を持つことの幸せを伝える

最近は、あえてシングルを通す人が増えています。家族なんてわずらわしいという思いから、一人でいる自由を選ぶのでしょう。

しかし若者たちの多くは「本当のところ、結婚と独身、どちらが幸せなんだろう?」と迷ってもいる気がしてなりません。

考え方はさまざまですが、私自身は「家族を持つことの幸せ」を多くの人にわかってほしいと思っています。私もかつてはシングルの自由を謳歌していましたが、いったん家族を持ってみると、元の状態に戻ることなど想像もできません。

では、家でいつもハッピーなのかと言うと、いえいえ、休日などまるで一日だけ刑務所に入っているようです。「草むしりは？」「風呂掃除は？」と、わんこそばのように次々に家事を言いつけられます。全部終え、一息つこうと新聞を広げた途端、今度は「新聞しばっといて」の声が。週が明けると解放された犬のように職場に駆けていく自分がいます。それでも「家族をやめたい？」と聞かれれば、答えは絶対に「ノー」。私の幸せの源、やる気の源は、やはり家族だという確信があります。

世間では、お金や自由をありあまるほど持っていることが幸せだと考えられがちです。しかし、自分の存在が家族を支えているということの喜びの深さに比べたら、とるに足りないことです。

特に子どもが生まれると、それまでふらふらしていた自分の中に「芯」ができます。人間は、誰かの役に立ちたい生きもの。その意味で、親になるというのは、究極の役割を得ることです。子どもはまさに「生きがい」なのです。

息子にはぜひ、父親としての喜び、家庭を持つことの幸せを伝えてください。

男として教えたい恋のこと、性のこと

●息子に恋愛の手ほどきを

息子とわかち合いたい話題の中で、お父さんが最も照れてしまうのは、恋愛の話ではないでしょうか。しかしこれができれば最高です。好きな女の子ができたらどうしたらいいのか。女の子とはどういう生きものなのか。つき合うとはどういうことか。これらは思春期の息子が最も興味を示す話題でもあるでしょう。

男として生きていく息子に恋愛の手ほどきができるのは、家庭ではお父さん以外にいません。お母さんには男心がわからないし、「息子が将来、彼女を連れてくるなんて耐えられない」という心情ですから、やはりここはお父さんの出番なのです。

私の父はそういう話はしない人でした。そこで「中学生の男女がつき合うなんてとんでもない」と口癖のように言っていた母の価値観が、中学時代までの私にすり込まれていました。だから女の子にラブレターをもらっても戸惑うばかりで、本人に返したり、リュックにしまい込んだままにしたりしていました。

しかし内面では、女の子への関心がどうしようもなく盛り上がっていました。そんな私に、当時の若者文化の中心にあったラジオの深夜放送のＤＪが、恋愛について、性についていてたくさんのことを教えてくれました。さらに、高校入学と同時に下宿生活に入ったのは、今思うと幸いでした。自宅を出たのを機に、「母が期待する少年像」を一気に乗り越え、女の子ともつき合うようになったからです。

お父さんには、十代の息子の気持ちがよくわかるはずです。自分の若かった頃の恋の経験をたっぷり話してあげてください。うまくいったときの話ばかりでなく、片思いや失恋に終わった恋の話もどんどんしましょう。

見栄を張る必要はありません。自慢もたまにはいいけれど、ほどほどにしないと煙たがられます。それよりも、好きな女の子がいたのに、モタモタしているうちにライバルにとられてしまったこと。せっかく両思いになったのに、おどおどしていて嫌われてしまったこと。最初のキスにこぎつけるまでの苦労。

そういう実話を披露した上で、「男だったら好きな子にはぶつかっていけ。お父さんがこの年になって何を後悔しているかと言うと、好きな子にぶつかっていかなかったことだ」「告白は、最初はドキドキするけど、これも慣れだぞ」などとアドバイスすると、息子は素直にうなずけるでしょう。

若い頃には情けなかった自分も、最終的にお母さんと出会えてよかったという話もぜひ聞かせたいものです。お母さんとのなれそめや、初めてのデート。「昔はお母さんもかわいかったんだぞ」「嘘だろ！」なんていう会話も楽しいものです。

●昔の「若者宿」の代わりに

性に関することを教えるのも、お父さんの重要な仕事です。「おっぱいって気になるだろう?」なんていう話は、お母さんからは絶対にできません。エロというのは、家庭における一番のタブーなのです。

昔の日本の村には、村の警備や消防、祭礼などを担う青年男子の「若者組」がありました。彼らが集まる「若者宿」では、年長者から年少者へ、性的なことも伝承されていたようです。

今や地域にその役割を果たすものはなくなりました。私の時代には部活の先輩からの伝承がその代わりになっていて、「女の子はこうやって口説くんだぞ」と、実地に手ほどきを受けたものでした。今はそれも怪しいものです。すでに書いたように、部活の先輩が後輩に「疑似恋愛ゲーム」を渡すだけという男子校もある時代です。

今、「若者宿」の代わりを果たせるのは、父親しかいないのかもしれません。性的な関心でいっぱいになっている思春期の息子に、お父さんが「男はそういうものだ。全然おかしいことじゃない。お父さんだってそうだったぞ」と言ってあげることが大切です。体の変化についても、早め早めに教えておくと、息子は自分の成長を安心して受けとめられます。

私の父は、性的なことをじかに教えてこそくれませんでしたが、「男の秘密」をはからずも共有した愉快な思い出があります。あれは小六のとき。ワルの仲間とある日こっそり未成年禁止の映画館にしのびこんだのです。当時の私には大冒険でした。途中でトイレに行って驚きました。なんと隣に、おやじがいるではありませんか。

「おまえ、こぎゃん映画ば見にきたとかい」

「おやじこそ！」

まるで漫画のような一コマでした。

あのとき私は、まじめ一点張りだと思っていた父の人間的な面を見たようで、すごく気が楽になりましたし、父との距離もぐんと縮まった気がしました。

家族を笑わせるユーモラスなお父さんでいよう

●お父さんの「遊び心」が家庭を明るくする

「笑う門には福来る」という言葉があるように、仲のよい家庭、子どもが伸びる家庭には「笑い」があります。そして笑いを生み出すのが「遊び心」です。

「遊び心」は、どちらかと言うと男性のフィールドです。つねに人を笑わせよう、笑わせようと考え続けている人は、女性よりも男性に多い傾向があります。女性もコミュニケーションの潤滑油としての笑いは好きですが、子どもたちが爆笑するようなずっこけ系の笑いは、やはりお父さんの得意技です。お父さんが笑わせ上手な家では、そのユーモアセンスが息子にも伝承されていくでしょう。

子どもたちに聞いて意外だったのは、「読み聞かせはお父さんにしてもらうほうが好き」という声が多かったことです。なぜかと聞くと、お父さんは、本に書かれてある通りに読まないからだそうです。

お母さんは、本に書かれている世界を忠実に伝えようとします。ところが「遊び心」に満ちたお父さんは、原作をときには無視してアドリブを入れるのです。「そこへ突然○○君がやってきて」とわが子を登場させたり、「ブォーン、うわっ、爆発だあ！」などと、書かれてもいない事件を起こしたり。子どもはそういう意外な展開に大喜びするのです。

ひと昔前までの日本には、家長制度の名残がまだあり、「男は笑うものではない」という価値観が浸透していました。仏頂面で寡黙。何事にも動じず、大事なときにしか口を開かないのが、あるべき父親像とされていたのです。子どもにも威厳あるふるまいを見せることが大切で、冗談で笑わせるなど、もってのほかでした。

時代が変わり、お父さんたちが遊び心を発揮し出したのは、いいことだと思います。今はむしろ、男性でも表情豊かであることがとても大事。笑顔のさわやかな男性は人に慕われますし、コミュニケーション能力がある分だけ運も開けます。

笑顔を作る練習は、私は子どものうちから必要だと思っています。実際にこの練習を実施している小学校もあるようです。ぜひ家庭でも、息子を「笑顔の魅力的な男」に育ててください。

●はりつめた妻の心を笑いでほぐす

お父さんのユーモアセンスは、子どもだけでなくお母さんの毎日も楽しくします。お母さんは、子どもの教育にまじめになればなるほど、視野が狭くなり、思い悩んで笑顔から遠ざかってしまう傾向があります。孤独な育児環境の中で、「私ががんばらなければ」と気負うあまり、心の余裕をなくしてしまうのです。

笑ってすませてもよさそうな子どもの失敗までガミガミ叱ったり、ふざけてばかりの子どもにイライラしたり。気を抜いていいときにさえ一緒に笑えないお母さんの気持ちをほぐすのは、お父さんの大事な役割です。

私の会社に、二十代で取締役になった非常に優秀な女性がいます。頭の切れが飛び抜けていいものだから、まわりの人の仕事っぷりがとろく見えてしかたがないらしく、特に二十代の頃などは常に厳しい態度をとっていました。そんな彼女とつき合う上で、私が心がけてきたことは、やはり「笑い」です。いつも笑わせよう、笑わせようという気持ちでつき合っているので、私がちょっと迷惑をかけたときにも「まあ、いいわ」と許してくれます。私に対しては、どこかほぐれた気持ちになるようです。

私の講演に、多くのお母さんたちが足を運んでくれるのも、話の九割が「笑い」だからではないでしょうか。育児に奮闘するお母さんたちの日常や、親子間、夫婦間にありがちな誤解やトラブルを、全部笑い話にアレンジして話すので、聞いていて気持ちが軽くなるのだと思います。

女性というのは、一生懸命に自分を笑わせようとしてくれている人を決して悪くは思いません。その人のことは「しょうがないわね」と大目に見たい気になるし、自分もほっと癒されます。

男性にとって「面白さ」は、モテる要件でもあるのです。

お父さんは、お母さんと接する上で、このことをぜひ心にとめておいてください。日々の育児が大変でも、お父さんがいつでも笑い話に変えて励ましてくれるという安心感があるお母さんは、心の健康を保っていられます。

懸命に家族を笑わせようとするお父さんの姿は、お母さんから見て「かわいい」というふうにも映ります。女性は、「この人、かわいい」と思う相手のことはたいてい許せてしまうもの。夫婦円満、家族円満を保つ上でも、お父さんは、「かわいい夫」でいることを一つの知恵としてみてください。

column

●思春期の娘vsお父さん

父親というものは、娘をとにかく溺愛します。最近は優しいお父さんが多いので、まるで女王様のように扱うお父さんも少なくありません。

娘がお父さんに溺愛されるのは決して悪いことではありません。男性への基本的な信頼を持てますし、将来恋愛や結婚をするときも、自分は男性とやっていける、大切にしてもらえるという自信を持てるからです。大人を見ても、お父さんに愛されて育った女性には安定感があります。

そんな娘も思春期になると、お父さんを遠ざけ始めます。無視したり、汚らわしいもののように扱ったり。特に娘が幼いときにあまり遊んであげていなかったお父さんは、早々に離れられてしまうようです。

お父さんには大きなショックですが、こればかりは仕方がありません。成長の過程で通らなければならない道です。思春期の娘をサポートできるのはお母さんだけ。お父さんは、そのお母さんの相談相手になることで、愛しい娘の成長を遠くから見守ってください。

第5章

思春期は親の真価が問われるとき

「大人の本音」を言えるのは親しかいない

●本音を言う親ほど信頼される

子どもの思春期には、親自身の「人間力」が問われます。「親対子ども」というそれまでの図式から、「人間対人間」に変わってくるからです。まず試されるのは、親としてどれだけの本音を子どもにぶつけられるか、さらけ出せるかです。

繰り返し書いてきたように、思春期の子どもたちは「本当のこと」「大人の本音」を知りたがっていて、きれいごとや理想論には耳を貸そうとしません。この頃の子どもたちは、「世の中には嘘が多い」ということに気づき始めるからです。

学校の先生やマスコミが言っているのは、つねに「平和を築きましょう」「優しさが大切です」といったこと。低学年までは、それも素直な心で聞けました。

しかし現実はどうもそれとはかけ離れているらしいことが、子どもたちにもわかってきます。

アフリカには飢餓に苦しむ人たちがたくさんいるのに、日本では毎日多くの食糧が捨てられている。いじめ事件だっていつまでもなくならないし、大人たちこそだまし合ったり足を引っ張り合ったりしている。どうもこの人間社会では、汚い手を使ってでもまわりを押しのけてのし上がっていく人が勝つらしい。歴史を勉強しても、人類は大昔から戦ってばかりで、しかも正義が勝ってきたとは限らない。

世の中のそんな嘘や矛盾に気づいているのに、なおも大人たちに「平和に」「優しく」などと言われると、子どもたちは大人が信用できなくなってしまうのです。

それでも学校の先生やマスコミは「本当のこと」を言えません。立場上、絶対に言えないことがたくさんあるからです。言えば大きな問題にもなりかねません。

たとえば学校の先生が「世の中からいじめなんてなくせません」などと言ったらどうなるでしょう。マスコミの世界や政治家にも、失言がもとで職を去っていく人が後を絶ちません。一般の人でも、ツイッターやフェイスブックで少しばかり不適切なことを書くと、とたんに「炎上」が起こる時代です。

そこで誰が「本当のこと」「大人の本音」を子どもに教えられるのかと言えば、親をおいてほかにいないのです。この話は第2章でも少し触れましたが、親が本音で接することは、思春期の子どもには「本当のことは親しか教えてくれない」という信頼感にもつながっていきます。

●親自身の価値観を自信を持って伝えよう

世の親たちに多い間違いは、「清く正しいこと」や「偏りのない公正な意見」を子どもに聞かせせなければならないと思い込むことです。

特に親になりたての頃のお母さんは、理想論の塊になってしまうことがあります。「みんなと仲よく暮らそうね」「お友だちの悪口を言っちゃダメよ」と教えることは間違っていません。しかしその一方で、子どもの前で夫婦げんかをしたり、「お父さんみたいにならないでね」などとお父さんの陰口を言ったりしていたらどうでしょう。子どもはやがてお母さんの矛盾に気づきますし、子どもが思春期になってもそれが続けば、お母さんへの信用をなくしてしまうでしょう。

完璧な親としてふるまう必要はないのです。子どもが幼いうちは、理想を聞かせることも大切ですが、こと思春期以降は、欠点もある、間違いも犯す、凡庸な人間の一人として子どもに接することのほうがより重要になってきます。

社会に対する意見や見方も、親自身のものを伝えてください。学校やマスコミが言うことと違っていてもかまいません。そのほうが、「お父（母）さんは本音を言っているな」と感じられますし、「人によっていろいろな見方があるんだ」ということも学べます。親が世論と同じことしか言わないと、子どもは世の中に正しい考え方は一つだけだと思うかもしれず、かえって危険です。

「親の偏った見方を教えても大丈夫なんですか？」と心配する人もいますが、大丈夫です。「○○党は腐っているとお父さんは思う」「○○はすごく支持されているけど、お母さんは信用していないわ」などの個人的な意見を恐れずに聞かせてください。

子どもが自分自身の世界観を作っていく際に、それは最初の足場になります。自分なりの世界観というものは、まずどこかに足場を作らないと持てません。子どもはまず親の世界観を足場とし、思春期以降に「親はああ言っていたけど、自分はこう思う」という地点に自分で移動していけばいいのです。

中学生にもなると、子どもはかなり偉そうな態度をとり始めます。大人社会に対し、斜に構えるようになるのです。そんな彼らも、身近な大人がどこまで本音をぶつけてくれるかによって、すごく変わるのだということを、ぜひ知っていてください。

思春期の問題は「夫婦の結束力」で乗り越える

●男女が組んで子育てをする理由

子どもは思春期になると、幼少時にはなかった複雑な悩みや問題を抱えるようになります。友だちとの関係や、部活、勉強での行きづまり。これらが高じて不登校やひきこもりが始まる子もいます。

そんなときに両親に問われるのは、夫婦の結束力です。

私が見てきた限り、こうした問題をうまく乗り切れた子どもたちには共通点があります。それは両親がちゃんと向き合い、よく話し合ったということです。

お母さんたちから子育ての悩みを相談されるたび、私は「ご主人ともよく話し合っていますか?」と聞くのですが、「いえ、あの人に言ってもしかたないですから」「いつも家にいませんから」といったそっけない返事は実に多いです。しかし子どもの問題は、お母さん一人では解決できません。お父さんの視点も大事なのです。

女性というのは、母親になった途端、子どもを守ろうという本能が目覚めます。少しでも危険が近づくと、敏感に反応してわが子を守ろうとするのです。わが子が心配で、いても立ってもいられないという近視眼的な状態にもなりがちです。最近のお母さんたちは孤独ですから、ますますその傾向は強まっているでしょう。

そんな母親のひたむきな愛に守られてこそ子どもは育つのですが、過保護になりすぎると、ひ弱に育ち、自立できない「困った大人」にもなりかねません。だからこそ父親が必要なのです。

「敵には指一本ふれさせない」とばかり、わが子を必死でかばう母親に、父親が遠くを見渡しながら「大丈夫、大丈夫」と安心させる。ワイドな視野を持った父親にはこれができるのです。

これこそが父親がいる意味。一組の男女がそれぞれの特性を生かしつつ、夫婦として組む意味なのです。

●「大丈夫、大丈夫」を聞き入れないお母さん

ところが、お父さんの「大丈夫、大丈夫」という言葉は、お母さんの耳にはなかなか届きません。お母さんは、とかく子どもを心配しすぎてしまうのです。

私はいつも、お母さんたちに「子どもにとって、もめごとは肥やしですよ」と話しています。何かあったとき、すぐに助けてあげるのが愛ではないということをわかってほしいからです。しかしこう言うと「でもね、子どもが悩んでいるのに見て見ぬふりなんてできません」と言うのが多くのお母さんの意見です。

夫婦間の分業も、このためにうまくいきません。ある生徒のお父さんからは、こんな話を聞きました。

「先日息子が、下校途中に上級生にちょっかいを出され、大泣きしながら帰ってきました。妻が先生に連絡をし、相手を見つけ、こっぴどく叱ったそうですが、それを見た息子は、そんなに強く言わなくても……と、半ばびっくりしていたようです」

この例のように、子どものもめごとに過剰に反応して「事件化」しまうお母さんは非常に多いのです。

片やお父さんは「そこまでしなくても」と冷静に見ています。この例では、子ども本人までお母さんの対応には驚いています。しかし「事件化」したがるお母さんに、お父さんは「大丈夫、大丈夫」と言えない雰囲気を感じます。お父さんはよく考えた上で「大丈夫」だと言っても、「適当なことを言って。結局子どもに無関心なんだわ！」と言われそうだからです。するとお父さんもだんだん面倒になってきて、見て見ぬふりをするように……。

夫婦がこうなってしまうのも、第一章に書いたように、そもそもお互いに「性差」をわかっていないからです。世の中には、「性差」をわかっていないために「夫婦の結束力」を落としているカップルがあまりにも多いと感じます。新婚早々、双方の性への無理解から仲がこじれ、さあこれから子育てだというときにはすでに協力できない状態になっているのです。

どちらも子どもに対する愛情はたっぷりあるし、いい子育てをしていきたいと願っているのに、とても残念なことです。

●今からでも「性差」を学んでいこう

心が離れてしまった夫婦がお互いを理解するには、それぞれが「自分は男性（女性）というものをわかっていないのかもしれない」と、まず疑ってみることが大切です。そして人一倍がんばる気持ちで、今からでも異性の特性を学んでいくことです。

夫も妻も、自分の常識が、相手にとっても常識だと思っています。だからお互いの間にもともとある隔たりに気づきもしないし、相手を学ぶ必要性も感じていません。しかし、改めて学ぶことによって「夫婦の結束力」はぐんと上がるのだということは、ぜひ知ってほしいです。

学ぶ際に一番の教材となるのは、ほかでもない自分の夫、自分の妻です。夫や妻を、「ムカつく人」「わけがわからない人」として切り捨てるのではなく、この人を通じて異性を学ばせてもらいましょうという謙虚な気持ちを持ちたいものです。

第1章にも書いたように、私は講演でいつも「夫（妻）を犬と思いなさい」と話しているのですが、これは、違う生きものだから突き放していいという意味ではありません。自分とまったく違う生きものと暮らしているのだから、ちゃんと研究していきましょうよと伝えたいのです。みなさん、このたとえには爆笑しながらも、かなり合点がいっている様子です。思い当たる節が大いにあるからでしょう。

大人になるまでに異性を理解する機会が乏しかったのは、同性ばかりのきょうだいの中で育った人に多いようです。男子校や女子校の出身者もそうですし、恋愛をしてこなかった人もそうです。

このうちのどれか一つぐらいなら、ほかの体験で何とかカバーできるでしょう。しかし二つ三つと重なると、異性への理解がどうしても不十分になります。そしてそれは、周囲にあからさまに伝わります。たとえば就職後、男性の上司に呼ばれて話をするときに、二メートルも離れて立っている女性は決まって女子校出身者です。妙に警戒してしまうのでしょう。

恋愛や結婚をするときも、どうしても相手に幻想をふくらませてしまいます。少女漫画や少年漫画に出てくるような、現実にはあり得ない異性像を相手に求めてしまうのです。そして異性ならば当たり前のことにも腹を立てたり、早々に見切りをつけて次なる「理想の君」を探してしまうのです。

この点で、異性がまわりにたくさんいる環境で育った人、恋愛経験を数多く積んできた人は、非常に強いです。

異性のいい面も悪い面も熟知しているから、結婚相手にもよけいな幻想は持ちません。「まあ、男（女）なんてそういうものだよね」というところからスタートするので、かえっていつまでも夫婦円満でいられるのです。

成功する子育ての秘訣は「夫婦円満」

●夫は妻のイライラの本当の理由を知ろう

異性の特性を学ぶと、日ごろのもやもやが晴れてとてもすっきりします。「なあんだ、そうだったのか」と気が楽になります。私の講演でも「目からウロコの連続でした」という感想が、特にお父さんからよく寄せられます。

男というのは、自分が構築した世界観は完璧だと思っていますし、プライドも高いものです。外で仕事をがんばり、家族への義務はそれで十分果たせているという自負もあります。だから自分が夫として足りない部分があるなどとは思いもしません。しかし帰宅すると、妻はなぜかいつもイライラしている……その理由が、私の講演を聞いてようやくわかったと、お父さんたちは言うのです。

そんな感想をいくつかご紹介しましょう。

「かみさんを大事にしているつもりですが、より具体的な言葉や態度を示さないとわかってもらえないのかもしれませんね。なんせ相手は犬ですから（笑）」

「妻はイライラしていることが多く、それが子どもに向かっています。その様子を見て、私はいつも理論的に妻を責めていましたが、今日の話を聞いて反省しました。妻は私に共感してほしいのですね」

「妻がいつもイライラして怒っているのを、今までは妻が原因であると思い続けてきました。妻が変わらなければ、この状況も変わらないのだと。しかし今日のお話で認識を改めました。私にも原因があったんですね」

このようにお父さんたちが気づき、お母さんを大事にするようになれば、お母さんたちの子育ては確実に変わっていくでしょう。

特に「息子から離れられない母親」はぐんと減るはずです。

●お母さんの息子離れは社会的な課題

「息子から離れられない母親」は、一種の依存症のようなもので、現代社会が生んだ深い闇だと思っています。母親の子離れがうまくできれば、これほど多くの「困った大人」が世に送り出されないのに、と。

お母さんの息子離れが難しいのは、孤独だからです。いくらがんばっても、世の中やお父さんに、認められていないという思いがある。その中にあって、息子のお母さんに対する愛はとても純粋で、絶対に裏切りません。息子にとってお母さんは女神で、「お母さんを守るためならどんなこともする」とまで思っているので、そこにすがってしまうのです。

お父さんがお母さんを愛していないわけではありません。でも、「言わなくてもわかっているだろう」という、どこか甘えた気持ちがあるのです。

お父さんたちの講演の感想には、こんなものもありました。

「子どものためと言うより、家族のため（妻のため）が大切なのだと感じました」

「子どもと同じくらい妻との時間を意識して作る努力が必要であると感じました」

どちらのお父さんにも共通しているのは、子どもには意識を向けているのに、お母さんはないがしろにしている感があることです。やはりこれも「妻は大丈夫だろう」「言わなくてもわかってくれているだろう」という甘えがあるからでしょう。

すでに書いたように、男性は、結婚した途端に、妻を母親代わりにして甘えてしまう傾向があります。子どもが生まれ、妻が母性を発揮し出すと、よけいにそうなります。しかし育児に追われる妻には、もともとは他人である夫まで、わが子同然に世話を焼く余裕はありません。そこで早々に夫を見捨て、子育てが終わった途端に熟年離婚という悲劇も生まれるのです。

欧米の夫婦たちが必ずしもうまくいっているとは思いませんが、夫が妻に絶えず関心を向け、愛を伝えることを習慣化しているのは、一つのすぐれた知恵だと思います。本音では妻より子どものほうが大事でも、「ママが一番。おまえたち（子どもたち）は二番以下だよ」と言ってみせる。そのように言い続けていれば、熟年になったときに妻に見捨てられないことを、彼らは長い歴史の中で学んできたのでしょう。

日本の夫たちが一朝一夕にこれを身につけるのは難しいと思いますが、妻への愛や感謝をこまめに伝える工夫はしていきたいものです。それには「妻はこういうことで喜ぶ」「これをしないと怒る」というツボをつかんでおくことです。

先日もある女性が、「夫が仕事で北海道へ行ったのに、お土産を一つも買ってこなかった」と激怒していました。このご主人は、悪気はなくとも、ツボを外してしまっているのです。

私の場合は、どこかへ行くと必ずお土産を買うよう心がけています。しかも売り場から妻に電話をかけ、「君のお気に入りのあれはなんていう商品だっけ？」と、探している自分をアピール。自分が妻のために頑張っていることがストレートに伝えられます。まわりにいる女性の知り合いたちにも賛同を得られているおススメのコツです。

●お母さんは「かわいさ」を忘れずに

夫婦円満の知恵としてお母さんたちに伝えたいのは、男は何歳になっても「かわいさ」に弱いということです。女性から見れば「なに、あのぶりっ子」としか思わないような女性にも、男性はまんまとはまってしまう。私などもとうに五十を過ぎ、「可憐な少女」など絶対に存在しないとわかっていても、かわいい女の子の写真を見ると、勝手に理想の少女像を投げかけて「いいなあ」と思ってしまいます。

世のお母さんたちに、これを知恵として知っていてほしいです。「夫の前で今さらおしゃれしてもしかたがない」などと思わず、たまにでいいから、お父さんにかつてのときめきを思い出させるような魅力的な姿を見せてください。

私も、たまにではありますが、妻と外で待ち合わせて二人で食事をすることがあります。友人には相当驚かれるのですが、恋愛時代を思い出せるいいひとときです。

もう一つ、お母さんたちにお願いしたいのは、「夫に意地悪をしないで」ということです。夫への不満を募らせている妻は、イライラが高じるとイヤミを言ったり、意地悪をしかけていきます。愛情ゆえの行為なので、女性はほとんどの場合、罪悪感がありません。これが夫にはつらいのです。

女性は子どもの頃から、女の子同士で精神的圧迫をかけ合うことをずっと続けているので、意地悪には慣れています。でも男性は慣れていないので、妻の行動の裏を読み取ることができず、行動そのものから妻の気持ちを汲もうとしてしまい、妻からの執拗ないじめにへこたれてしまうのです。

夫に意地悪をして、二人の関係がいい方向に向かうことは絶対にありません。夫はただ嫌な気持ちになり、「台風が去るまでやり過ごそう」と思うだけです。

とにかく「夫は犬なのだ。仕方がない」という大らかな気持ちでいることです。そのほうが仲良くいられますし、自分にもストレスがたまりません。

以上のように、夫婦がお互いの特性を学び、うまくやっていくためのツボを外さずにいれば、大変な子育てでも、寄り添い合いながら乗り越えていけるでしょう。愛し合い、子どもまで設けた二人ですから、もともと絆は強いのです。

子どもの自立を楽しみにしよう

●困った大人に育てないために

思春期の子どもをお持ちのみなさん、今お子さんはどんな様子ですか？　反抗し、生意気を言い、秘密を持ち、異性に興味を持つという「順調な変化」を見せていますか？　もしそうならば安心です。

いつまでもかわいい、従順ないい子。これも親にとっては悪くないことなのかもしれません。しかし、よく考えてみてください。**反発しない、葛藤しないということは、物事を深く考えていないということではないでしょうか。**物事を深く考えずに育った子どもは、大人になっても自分がいったい何をしたいのかがよくわかりません。何を聞かれても自分の意見がなく、簡単にまわりに流されてしまいます。

秘密を共有するような仲間がいない、友だちとのトラブルもないということは、人と深くつき合えていない、他人に関心がないということにもつながらないでしょうか。人間関係にもまれていない子どもは、社会に出てもうまくいきません。仕事の基本は人とのコミュニケーションだからです。

また、恋人がいる様子がない、異性に関心すらなさそうというのは、親には目下の心配の種が一つ減っていいかもしれませんが、大人になって、いざ結婚というときに、非常に困るのではないでしょうか。「子どもが遠くへ行ってしまった気がする」。思春期の子どもは、親がそう思うくらいでちょうどいいのです。

最後にお母さん、お父さんに今一度お願いしたいのは、子育てのゴールをくれぐれも見誤らないでほしいということです。それは子どもをいい大学、いい会社に入れることではないはずです。

どうか忘れないでください。子育ての一番の目標は、**子どもが「人間力」あふれる大人に育つこと。**「**メシが食える**」「**モテて魅力のある**」大人に育つことです。

そのために大事なのは、繰り返し書いてきたように、思春期の子離れと、同性の親による「性差」の伝承です。親にとって一番困るのは、子どもがいつまでも自立しないことのはず。就活、婚活まで親がかりという「困った大人」に育ててはいけません。

子どもが立派に独立したら、また夫婦だけの暮らしを楽しむ。そんな豊かな将来が、みなさんを待っていますように。

column

●受験は子離れの落とし穴

お母さんたちの子離れが難しい理由として、子離れすべき時期と、子どもの受験が重なっているという事実はかなり大きいように思います。

受験の応援のために干渉を続けたい親心もわかります。しかし親子べったりで受験に臨むと、たとえ合格しても自立心が育っていないので、やがて心の問題が出てきたり、成績が伸び悩む子どもはとても多いです。

一方こんな例もあります。成績はガタガタ、空気も読めない困った男子生徒が、中学受験をすると言い出したのです。お母さんは「しょうがない子だけど、まあやりたいならやらせましょう」といった、終始大らかな態度で見守っていました。結果、第一志望の中学に合格。その彼が高校を卒業するとき、お母さんに「六年間お弁当を作ってくれてありがとう」という言葉と、アルバイトでためていた三十万円を渡したのです。「公認会計士の専門学校に行くと決めたから、学費に使って」と。彼のみごとな自立を準備したのは、このお母さんの大らかさだったに違いありません。

あとがき

『小3までに育てたい算数脳』でデビューしたせいもあり、現場の保護者の方からは、「小5は遅いんですね」とか「上の子は見捨てるんですか」という類の質問を、実にたくさん受けて来た。この本を読んでくださった親御さんが、「そうか同性の親の本音が大事なんだな」「外の師匠が大事なんだな」と納得し、気持ち新たに子育てを楽しんでもらえるきっかけになれば嬉しい。

書き終えてみると、男女の思春期の発達に差があるせいもあるが、女の子に比べて男の子の精神的な成長度合いは深刻な内容が多く、やや書き方に温度差があったように思う。

10歳からの子育てということで、自分の10歳のときはどうだったろうと振り返ってみると、とうてい同性の親＝父親との関係は、理想的とは言えなかったことは告白せねばならない。

父は自分の父親を早くに亡くしたせいで、父親としてどうふるまえばよいのか、分からなかったらしい。末っ子の弟は甘え上手でもあり、よく膝に座っていたが、私はとうとう父の膝に一度も座れず、思春期にいたってはほぼしゃべらない間柄だった。
そんな私は今思えばやや過剰適応の「良い子」だった。児童会長や生徒会長をやる一方で、「本当の自分はこれじゃない」と鬱々としている中学生であった。

私にとって幸運だったのは、熊本高校に進学した15歳のときに、伯父の家に下宿したことだった。なんとも飄々《ひょうひょう》とした伯父は、県庁に勤める公務員でありながら、文化人の一面を持っていて小説も書いていたし、テレビはほとんど見ず、本を読むか何か書いているか、画家や物書きや新聞記者などを集めては宴会をしていた。一方で妻を非常に愛し、酔っぱらうと「♪そばにいてくーれる、だーけでいーい」と、歌いかけていた。

直接何かを言われたということはあまりないが、人生を満喫する芯を感じさせてくれた。多分思春期の私は父よりもずっと伯父幸敏に影響を受けたと思う。絵や文学や音楽を愛するようになったこと、のちに文章を書くようになったのは、明らかに伯父の影響だと思う。

野球部の先輩という迷いなく尊敬できる師匠たち、つきあってくれ、「女性というもの」を教えてくれた彼女、そして人生を楽しんで生きる姿を見せてくれた伯父、こういう出会いのおかげで、本来不足していた大切なものが、少しずつ充填されていったのだと思う。あらためて関わった方々に感謝の思いが湧き上がるし、青春期の人と人の出会いは影響が大きいよなあと、つくづく思う。

本書は子育てにおける両親の役割に踏みこんだ内容になっており、やむを得ない事情で夫婦そろっての教育が難しいご家庭もあると思う。百点の父親を持たなくても、私のような救われ方もあるのだということは書いておきたい。

さて、この本は木下美紀さん、吉村千穂さんのご協力と支援なくしては、まったく形にならなかった。お二人には深く感謝の意を捧げたい。ありがとうございました。

2013年10月　高濱正伸

高濱正伸（たかはま まさのぶ）

1959 年熊本県人吉市生まれ。
東京大学・同大学院修士課程修了。算数オリンピック問題作成委員や決勝大会総合解説員も務める。現在理事。

大学在学中から、塾講師や幼児の野外活動の指導者などのアルバイトを経験。1993 年 2 月、小学校低学年向けに、「作文」「読書」「思考力」「野外体験」を主軸に据えた学習塾「花まる学習会」を設立。子どもを「メシが食える大人に育てる」ことが教育信条。教室での独創的な授業はもとより、サマースクールや雪国スクールなど、さまざまな試みが評判を呼び、たちまち爆発的な人気を得る。各地で精力的に行なっている講演会は、毎回キャンセル待ちが出るほどたいへんな盛況ぶり。そのほか、公教育の支援や、障害児の学習支援など、幅広い活動を行なっている。

「情熱大陸」「カンブリア宮殿」「ソロモン流」などのテレビ出演やラジオなどマスコミへの出演多数。著書に、『わが子を「メシが食える大人」に育てる』（廣済堂出版）、『お母さんのための「男の子」の育て方』『お母さんのための「女の子」の育て方』（両方、実務教育出版）、『夫は犬だと思えばいい。』（集英社）など、多数。

「花まる学習会」
http://www.hanamarugroup.jp/hanamaru/

装丁・本文扉　金井久幸（Two Three）
カバー写真　タイコウクニヨシ
本文イラスト　ふじたきりん
編集協力　吉村千穂
組版　横内俊彦

高濱正伸の
10歳からの子育て

2013年11月 4 日　初版発行
2021年11月12日　7 刷発行

著　者　高濱正伸
発行者　野村直克
発行所　総合法令出版株式会社
〒 103-0001 東京都中央区日本橋小伝馬町 15-18
EDGE 小伝馬町ビル 9 階
電話 03-5623-5121

印刷・製本　中央精版印刷株式会社

落丁・乱丁本はお取替えいたします。

ISBN 978-4-86280-380-1

総合法令出版ホームページ　http://www.horei.com/